Finanzplaner Alleinerziehende

Christine Finke

Finanzplaner Alleinerziehende

Geld und Recht: Das steht Ihnen zu

Stiftung Warentest

Inhaltsverzeichnis

6 Was wollen Sie wissen?

11 Alles anders: Bestandsaufnahme

15 Der Finanz-Check

17 Der Rechte-Check

23 Absicherung für den Notfall

28 Informieren, vernetzen, Hilfe holen

31 Kind und Beruf unter einen Hut bringen

32 Sicher im Berufsleben stehen

39 Selbstbewusst bewerben

41 Kinderbetreuung, die zum Job passt

49 Alles rund um den Unterhalt

51 Unterhalt fürs Kind, Unterhalt für mich

60 Die Düsseldorfer Tabelle

62 Unterhaltsvorschuss

65 Staatliche Hilfen nutzen

66 Zeit fürs Kind dank Elterngeld & Co.

70 Finanzielle Hilfen für Wohnen und Alltag

77 Weitere Transferleistungen

80 Verfahrenskostenhilfe

85 Steuern sparen

86 Das steht Alleinerziehenden vom Finanzamt zu

93 Fallstricke – Vorsicht, Kostenfalle

99 Im Alter gut versorgt sein

101 Die jährliche Renteninformation richtig lesen

106 Witwenrente, Halbwaisenrente, Erziehungsrente

111 Fürs Alter sparen mit Riester & Co.

117 Private Altersvorsorge mit Fonds & Co.

122 Betriebsrente richtig nutzen

124 Wie Sie Fehler bei der Altersvorsorge vermeiden

11 Bestandsaufnahme: Finanzen und Rechte checken

93 Wie Sie Steuerfallen umschiffen

39 Beruf: Neues wagen Wie Sie sich selbstbewusst bewerben

70
Mehr Leichtigkeit im Alltag dank Wohngeld & Co.

99
Die Zukunft im Blick: Die passende Altersvorsorge

51
Unterhalt: So sorgen Sie dafür, dass er fließt

127 Gut versichert als Alleinerziehende
128 Gesundheit geht vor: Die richtige Krankenkasse
134 Kleines Versicherungs-ABC
147 Nach einer Trennung – gelten meine Versicherungen noch?

150 Hilfe
150 Fachbegriffe erklärt
154 Düsseldorfer Tabelle
157 Stichwortverzeichnis

Was wollen Sie wissen?

Im turbulenten Alltag mit Kindern kann es schon einmal sein, dass alles andere wichtiger erscheint, als sich um Versicherungen, Steuersachen, Familienleistungen und die Altersvorsorge zu kümmern. Doch einige zentrale Fragen tauchen bei vielen Alleinerziehenden früher oder später auf.

Der Unterhalt trifft nicht zuverlässig auf meinem Konto ein. Was kann ich tun?

Für diesen Fall gibt es kostenlose Beistandschaften vom Jugendamt, die für Sie vermittelnd einschreiten können. Der Beistand kann Ihnen zu einem Unterhaltstitel verhelfen, der dafür sorgt, dass der Unterhalt sofort pfändbar wird, wenn der Zahlungspflichtige in Verzug gerät. Das bedeutet, dass der Gerichtsvollzieher kommt! Das Jugendamt bietet dem anderen Elternteil an, den Unterhaltstitel freiwillig zu unterschreiben.

Führt das nicht zum Erfolg, gehen Sie am besten Schritt für Schritt vor – wie, erfahren Sie unter „Unterhalt fürs Kind, Unterhalt für mich“ ab S. 51. Das letzte Mittel ist der Gang zum Anwalt, der für Sie vor das Familiengericht zieht. Er kann bei niedrigen Einkommensverhältnissen über Verfahrenskostenhilfe vergütet werden (mehr dazu ab S. 80).

Falls dennoch am Ende der Unterhalt ausbleibt, lässt der Staat Sie nicht allein. Sie haben dann Anspruch auf Unterhaltsvorschuss. Wie Sie den Vorschuss beantragen, lesen Sie im Abschnitt „Unterhaltsvorschuss“ ab S. 62.

Der andere Elternteil will hälftige Betreuung leisten und keinen Unterhalt zahlen. Darf er das einfordern?

Nein, so einfach geht das nicht. Der Gesetzgeber geht vom Kontinuitätsprinzip aus: Wer das Kind vor der Trennung hauptsächlich betreut hat, soll es weiter betreuen. Der andere Elternteil bekommt ein Umgangsrecht und muss Unterhaltszahlungen leisten, um die Existenz des Kindes zu sichern. Das „Wechselmodell", bei dem das Kind in gleichem Umfang von beiden Eltern betreut wird, kann zwar gegen den Willen des bisher betreuenden Elternteils angeordnet werden, wenn ein Richter der Meinung ist, dies diene dem Kindeswohl. Bei diesem Modell sind beide Elternteile barunterhaltspflichtig. Bei einem Einkommensgefälle bedeutet das im Ergebnis, dass der Elternteil, der mehr verdient, dem anderen Unterhalt zahlen muss. Siehe dazu „Alles rund um den Unterhalt" ab S. 49.

Ich verdiene sehr wenig. Welche staatlichen Hilfen kann ich in Anspruch nehmen?

Das kommt auf die Art und Höhe Ihres Einkommens an. Viele Alleinerziehende, deren Gehalt für die Existenzsicherung nicht reicht, nutzen die Möglichkeit, mit Hartz IV aufzustocken. Wer etwas mehr zum Leben hat, kann die Familie mit Wohngeld, Kinderzuschlag und Fördermöglichkeiten für die Kosten der Kinderbetreuung sowie dem Bildungs- und Teilhabepaket (Essensgeld, Schulausstattung, Klassenfahrten) über die Runden bringen. Beim Kinderzuschlag darf sich Ihr Einkommen neben Erwerbseinkommen auch aus Kindergeld, Wohngeld, Unterhalt oder Unterhaltsvorschuss zusammensetzen. Es darf eine bestimmte Grenze nicht unterschreiten, weil Ihnen der Zuschlag sonst mit der Begründung verweigert wird, dass Sie einen Antrag auf Hartz IV stellen müssen. Mehr dazu finden Sie im Kapitel „Staatliche Hilfen nutzen" ab S. 65.

Ich möchte eine Allein-erziehenden-WG gründen. Was muss ich beachten?

Wichtig ist, dass Sie getrennte Haushaltsführung belegen können, weil das Finanzamt und sämtliche Behörden (JobCenter, Wohngeldstelle, etc.) Sie sonst als Wirtschaftsgemeinschaft einstufen. Dabei gilt, dass Sie den offiziellen Stellen das gemeinsame Haushalten widerlegen müssen, zum Beispiel durch einen Untermietvertrag oder belegbares separates Wirtschaften.
Können Sie die eigenständige Wirtschaftsführung nicht nachweisen, verlieren Sie den Anspruch auf Steuerklasse 2 und sämtliche staatlichen Vergünstigungen für Alleinerziehende (siehe dazu das Kapitel „Steuern sparen" ab S. 85). Ebenso verhält es sich, wenn Sie in einer Wohngemeinschaft mit Ihren Eltern oder mit einem erwachsenen Kind in Ihrem Haushalt leben. Für den Staat gilt: Wer zusammen wohnt, hilft sich bei der Kinderbetreuung und steht finanziell füreinander ein, egal ob dies praktisch geschieht oder nicht.

Die Stadt sagt, Kitaplätze für unter Dreijährige sind berufstätigen Eltern vorbehalten. Stimmt das?

Das ist falsch – Kinder ab einem Jahr haben einen grundsätzlichen Rechtsanspruch auf Kinderbetreuung, unabhängig davon, ob die Eltern berufstätig sind oder nicht. Es handelt sich um einen Anspruch auf frühkindliche Bildung, der nicht von der Berufstätigkeit der Eltern abhängt. Allerdings arbeiten die Kommunen vielerorts mit Punktesystemen, in denen die Dringlichkeit der Kitaplatzvergabe bewertet wird. Dabei landen Berufstätige sowie Alleinerziehende oft (aber nicht immer!) oben im Ranking. Trotzdem besteht per Gesetz ein Anspruch ab dem ersten Geburtstag, den Sie einklagen können, wenn Ihr Kind leer ausgeht. Wie Sie dabei vorgehen, lesen Sie unter „Kinderbetreuung" ab S. 41.

Lohnt sich Riestern für mich als Altersvorsorge?

Je mehr Kinder Sie haben, umso sinnvoller ist es, einen Riester-Vertrag abzuschließen. Denn für jedes Kind bekommen Sie bis zu 300 Euro im Jahr Zulage vom Staat. Wer wenig verdient, muss nur wenig einzahlen, um die vollen Zulagen zu erhalten: 60 Euro im Jahr reichen. Ein weiterer Vorteil für Alleinerziehende mit geringem Einkommen: Anders als Renten aus anderen Vorsorgeprodukten wird die Riester-Rente später nicht komplett auf die Grundsicherung angerechnet. Wer nicht zu den Geringverdienern gehört, hat mehr Möglichkeiten: Besserverdienende können ihre Altersvorsorge beispielsweise mit sogenannten ETF bequem und flexibel ergänzen. Mehr zur Riester-Rente und den Alternativen dazu finden Sie im Kapitel „Im Alter gut versorgt sein" ab S. 99.

Sind mein Kind und ich automatisch krankenversichert, wenn ich einen Minijob habe?

Nein, das sind Sie nicht: Erst bei einem Job oberhalb der 450-Euro-Grenze sind Sie automatisch in der gesetzlichen Krankenkasse pflichtversichert. Wenn Sie nicht pflichtversichert sind, können Sie sich zwischen der freiwilligen Versicherung in der gesetzlichen Krankenkasse und einer privaten Krankenversicherung für Sie und Ihr Kind entscheiden. Langfristig ist die gesetzliche Kasse für die meisten Alleinerziehenden die bessere Wahl: Die Beiträge bleiben dort überschaubar, und sie bietet eine kostenlose Familienversicherung fürs Kind. Außerdem sind bezahlte Kinderkranktage im Job in den gesetzlichen Krankenkassen als Regelleistung vorgesehen – nicht jedoch bei einer privaten Krankenversicherung. Mehr zur Krankenversicherung und allen anderen Versicherungen, die für Alleinerziehende wichtig sind, finden Sie unter „Gut versichert", S. 127.

Alles anders: Bestandsaufnahme

Nichts ist mehr wie vorher – wenn sich der Familienstatus zu „alleinerziehend" ändert, gibt es eine Vielzahl an Dingen zu regeln. Was ist besonders dringend, was kann etwas warten? Was müssen Sie wissen und beachten?

Sie sind in guter Gesellschaft, wenn Ihre Lebensplanung eigentlich anders aussah und Sie sich jetzt erst einmal orientieren müssen: Die Zahl derjenigen, die sich von Anfang an und freiwillig fürs Alleinerziehen entscheiden, ist sehr gering. Oft ist der Start ins Leben als alleinerziehender Elternteil ein Sprung ins kalte Wasser – und neben all den praktischen Dingen, die für einen reibungslosen Alltag bedacht werden müssen, gilt es für viele, auch noch Trauerarbeit über die gescheiterte Beziehung oder den verstorbenen Partner zu leisten. Auch diejenigen, die ungewollt schwanger geworden sind und sich ein Leben mit dem Vater des Kindes nicht vorstellen können, stehen erst einmal vor komplett neuen Herausforderungen.

Es wird wohl eine Weile dauern, bis Sie ganz in der neuen Lebenssituation angekommen sind. Sie können aber jetzt schon viel dazu tun, dass Ihr Leben als alleinerziehende Mutter, alleinerziehender Vater einen stabilen Rahmen bekommt. Es ist die Zeit des Weichenstellens. Die größten Veränderungen betreffen neben organisatorischen Fragen die Familienfinanzen und rechtliche Aspekte.

Etwa 88 Prozent der Alleinerziehenden in Deutschland sind Frauen, sie kümmern sich meist um jüngere Kinder und Babys, während alleinerziehende Väter eher mit Kindern ab dem Grundschulalter zusammenleben. Die unterschiedlichen Altersstufen der betreuten Kinder bringen jeweils eigene Herausforderungen im Alltag und bei der Vereinbarkeit von Familie und Beruf mit sich. Sie haben ziemlich direkte finanzielle Konsequenzen.

→ Alleinerziehende Väter

Aus Gründen der besseren Lesbarkeit haben wir in der Regel auf Formulierungen wie „die/der Alleinerziehende" verzichtet. Da fast 90 Prozent der Alleinerziehenden Frauen sind, verwenden wir in diesem Ratgeber die weibliche Form und schreiben „die Alleinerziehende", wenn wir sowohl alleinerziehende Väter als auch alleinerziehende Mütter meinen.

Welches Betreuungsmodell wollen wir wählen?

Sofern Sie nicht alleinerziehend sind, weil der andere Elternteil verstorben ist, steht am Anfang aller Überlegungen, wie es nun weitergehen soll, die Frage nach dem zukünftigen Betreuungsmodell für das oder die gemeinsamen Kinder. Welches Lebensmodell Sie wählen, hat direkte Auswirkungen auf Ihre finanzielle Situation und auch rechtliche Folgen. Wo das Kind den Wohnsitz hat, ist zum Beispiel entscheidend für Versicherungen und den Anspruch auf einige Sozialleistungen sowie für die Veranlagung beim Finanzamt.

Der Elternteil, in dessen Haushalt das Kind überwiegend betreut wird, hat Anspruch auf Unterhaltszahlungen fürs Kind, den „Barunterhalt". Der betreuende Elternteil leistet seinen Unterhalt durch Betreuung und Erziehung, der nicht betreuende Elternteil unterstützt durch Zahlungen.

Nichtsdestotrotz bringen sich viele getrennt lebende Eltern über das Mindestmaß hinaus bei Erziehung und Betreuung ein. Bei diesem Lebensmodell (Residenzmodell genannt) besteht der Kontakt der Kinder zum anderen Elternteil oft vorwiegend aus gemeinsamen Unternehmungen am Wochenende. Dieses Modell wird richterlich häufig angeordnet, falls es zu Streitigkeiten über den Umgang kommt. Es gibt darüber hinaus aber ein großes Spektrum an Arrangements: von Alleinerziehenden-Familien, in denen der andere Elternteil freiwillig zahlreiche zusätzliche Pflichten übernimmt, bis hin zu Familien, in denen Kinder gar keinen Kontakt zu Vater oder Mutter haben. Häufig finden die Eltern individuelle Lösungen, die mit Übernachtungen verbunden sind oder mit einem zusätzlichen Wochentag, an dem der getrennte Elternteil gemeinsame Zeit mit seinem Kind verbringt.

Noch eher unüblich ist das Wechselmodell. Bei diesem Modell pendelt das Kind tage- oder wochenweise zwischen den Eltern. Entgegen landläufiger Meinung ist dies sehr wohl mit Unterhaltszahlungen verbunden – zumindest solange die Einkommensunterschiede zwischen den Elternteilen nicht nur geringfügig sind Denn bei diesem Modell sind beide Eltern barunterhaltspflichtig.

Als dritte, noch exotischere Art der Lebensführung wählen einige wenige Familien das „Nestmodell", bei dem das Kind in der gemeinsamen Wohnung bleibt und die Eltern sich dort mit der Betreuung abwechseln. Das hat natürlich zur Folge, dass insgesamt drei Wohnungen benötigt werden – ein immenser Kostenfaktor.

Grundsätzlich können Sie sich privat auf jede Art von Betreuungsmodell einigen, die Ihnen für Ihre persönliche Situation am geeignetsten erscheint.

Keine Einigung möglich

Können Eltern sich nicht einigen, können sie das Jugendamt oder Gerichte bemühen, damit zum Wohl des Kindes eine Lösung gefunden wird. Das geschieht, wo nötig, über ein Verfahren vor dem Familiengericht, was allerdings mit Anwalts- und Gerichtskosten verbunden ist. Falls Ihr Einkommen unter einer bestimmten Grenze liegt, haben Sie die Möglichkeit, dafür Verfahrenskostenhilfe zu beantragen (siehe S. 80). Alternativ können Sie das Jugendamt bitten zu vermitteln. Manche Ex-Paare schaffen es auch mithilfe von selbst gewählter Mediation (die je nach Anbieter kostenlos oder kostenpflichtig ist), eine tragfähige Einigung darüber zu treffen, wie das Leben als nicht mehr zusammenlebende Familie nun konkret weiter aussehen soll.

Miteinander sprechen

Es gibt jede Menge möglicher strittiger Punkte, die über Jahre Anwaltskosten produzieren können und bei denen sich jeder alleinerziehende Elternteil gut überlegen sollte, ob es nicht doch möglich ist, sich friedlich außergerichtlich zu einigen. Eine Einigung spart nicht nur Nerven und Geld, sie hat auch den Vorteil, dass beide Eltern sie mittragen. Andererseits kann nur ein Anwalt rechtssichere Auskünfte geben, weswegen eine anwaltliche Beratung grundsätzlich eine gute Idee ist. Bei sehr niedrigem Einkommen können Sie dafür beim Amtsgericht Beratungskostenhilfe beantragen.

In jedem Fall lautet die erste und wichtigste Frage zu diesem Zeitpunkt: Schaffen mein Ex-Partner und ich es, von der Paarebene auf die Elternebene zu gelangen, und wie steht es um unsere Konsensfähigkeit? Von dieser Frage hängen eventuell Ihre zukünftige Berufstätigkeit, Ihre Feriengestaltung und große Summen Geldes ab, denn all diese Folgekosten einer Trennung können das Leben sehr teuer machen.

Aber weit wichtiger: Ein jahrzehntelanger Rosenkrieg ist eine starke emotionale Belastung nicht nur für Sie, sondern auch für Ihr Kind. Diese Belastung kann sich entscheidend auf sein Wohl auswirken. Auch das sollten Sie im Blick haben. Hier kann frühzeitige Beratung sehr weiterhelfen! Sie finden die beratenden Stellen bei sich vor Ort unter den Stichworten Erziehungsberatung und Trennungsberatung. In der Regel hat das Jugendamt sie an freie Träger wie die AWO oder Caritas ausgegliedert, und sie ist kostenfrei. Auf der anderen Seite gibt es leider auch Ex-Partner, mit denen man sich einfach nicht einigen kann. Wie die Situation in Ihrem Fall liegt, werden Sie selbst am besten beurteilen können.

Checkliste

Was muss ich erledigen?

- ☐ Den Wohnsitz des Kindes klären und es am neuen Wohnsitz anmelden. Teilen Sie nach einer Trennung auch mit, dass der Ex-Partner nicht mehr bei Ihnen gemeldet ist!
- ☐ Steuerklasse 2 und Kinderfreibeträge beim Finanzamt beantragen
- ☐ Versicherungsschutz fürs Kind und Sie checken
- ☐ Unterhalt sichern, am besten mit Titel
- ☐ Eventuell Unterhaltsvorschuss beantragen
- ☐ Umfang Ihrer Berufstätigkeit klären beziehungsweise Wiedereinstieg in Angriff nehmen
- ☐ Budget erstellen: Reicht mein Geld zum Leben?
- ☐ Kinderbetreuung klären
- ☐ Eventuell Zuschüsse zur Kinderbetreuung beim Sozial- und Jugendamt beantragen
- ☐ Wenn nötig, Wohngeld beantragen oder andere staatliche Hilfen wie Kinderzuschlag, ergänzendes Arbeitslosengeld II, Bildungs- und Teilhabepaket
- ☐ Regeln, wie oft das Kind vom anderen Elternteil betreut wird oder ihn sieht
- ☐ Wenn möglich und sinnvoll, Vollmacht für einzelne Sorgerechtsbereiche ausstellen lassen
- ☐ Vorsorge treffen für den Fall, dass Sie ernsthaft erkranken oder sterben sollten

Der Finanz-Check

Welches Budget habe ich? Sorgen Sie für Sicherheit, indem Sie genau unterscheiden zwischen unbedingt nötigen Ausgaben und dem finanziellen Spielraum, den Sie haben.

Kennen Sie Ihre monatlichen Fixkosten? Falls nein, wird es höchste Zeit, sie auszurechnen. Wenn sich abzeichnet, dass nach dem Begleichen der regelmäßig fälligen Rechnungen kein oder nur noch wenig Geld übrig ist, um zum Beispiel defekte Haushaltsgeräte zu erneuern, eine außerplanmäßige Zahnarztrechnung zu bezahlen oder gar Rücklagen zu bilden, sollten Sie zumindest überprüfen, ob es möglich ist, die Fixkosten zu senken. Oder aber Sie prüfen, ob Sie durch Zuschüsse wie eine Übernahme von Kinderbetreuungskosten durch das Sozial- und Jugendamt und andere Maßnahmen Ihr Haushaltseinkommen steigern können.

Da die Energie- und Nebenkosten ständig steigen, ist es ratsam, sich genau anzusehen, ob die monatlichen Abschlagszahlungen realistisch angesetzt sind – es ist wesentlich angenehmer, zum Ende des Abrechnungszeitraums etwas Geld zurückerstattet zu bekommen, als von einer hohen Nachzahlungsforderung überrascht zu werden. Sie können davon ausgehen, dass Ihr Stromanbieter und die Hausverwaltung gerne Ihrem Wunsch entsprechen, etwas höhere monatliche Raten einzuziehen. In vielen Fällen reicht ein kurzer Anruf, um dies zu veranlassen.

Bei der Aufstellung der monatlichen Fixkosten empfiehlt es sich, eine Excel-Liste anzulegen, die automatisch zusammenrechnet, was als Summe herauskommt. Aber natürlich geht auch eine handschriftliche Liste – Hauptsache, Sie haben den Überblick!

Um sicherzugehen, dass Sie nichts vergessen, nehmen Sie Ihre Kontoauszüge zur Hand und gehen Sie das letzte Jahr auf wiederkehrende Zahlungen durch. Manches wird auch quartalsweise abgebucht, Versicherungen oft sogar im Jahresrhythmus. Auch dies ist etwas, worauf Sie Einfluss haben. Teils gehen mit jährlichen Abbuchungen anstelle der monatlichen Raten Tarifvergünstigungen einher. Es kann sich lohnen, beim Anbieter nachzufragen, wie die Regelungen für Ihre spezielle Situation sind.

Folgende Posten könnten Teil der Liste Ihrer regelmäßig anfallenden Ausgaben sein:

- Miete/Raten für Wohneigentum
- Nebenkosten (zum Beispiel Heizung, Hausmeister, Wasser, Müllgebühren)
- Stromgebühren
- Rundfunkbeitrag

- Telekommunikationskosten (Internet, Handy, Festnetz)
- Versicherungen
- Kredite/Ratenzahlungen
- Kosten für Mobilität (Kfz, öffentlicher Nahverkehr)
- Kinderbetreuungskosten
- Essensgeld für Mittagessen in Kita, Krippe, Schule
- Krankenkasse (bei Angestellten in der Regel nicht aus dem Netto zu begleichen)
- zusätzliche Altersvorsorge
- Vereinsbeiträge (wie Musikverein, Sportverein)
- Kosten für Haustierhaltung und Tierarzt
- Gesundheitskosten (Zahnspange, Fitness-Studio)

Und dies könnte auf Ihrer Einnahmenseite stehen:

- Lohn/Gehalt aus Berufstätigkeit
- Unterhalt/Unterhaltsvorschuss
- Kindergeld
- Elterngeld
- Arbeitslosengeld I oder II
- Bafög/Bundesausbildungsbeihilfe
- Kinderzuschlag
- Wohngeld
- Familiengeld (nur in Bayern)
- Landeserziehungsgeld (nur in Sachsen)
- Zuschuss zu den Kitagebühren

Gut zu wissen

Die Kosten senken. Prüfen Sie auch, wie Sie Ihre Kosten senken können. Gerade bei den Fixkosten können viele Haushalte durch Anbieterwechsel bei Strom, Internet oder Versicherungen ohne große Mühe eine Menge Geld sparen. Unser „Spar-Set" zeigt Ihnen, worauf Sie dabei achten sollten. Es enthält ein Haushaltsbuch, mit dem Sie Ihr Budget ermitteln können, hilft Ihnen dabei, überflüssige Ausgaben zu vermeiden und Ihre Finanzen im Griff zu behalten. Sie erhalten es für 14,90 Euro im Buchhandel oder unter test.de/shop.

Die Einnahmenseite aufbessern

Besonders, wenn Sie nach Ihrem Kassensturz feststellen, dass Sie sich im Alltag sehr einschränken müssen, ist es wichtig, dass Sie prüfen, wie Sie Ihre Einnahmen aufbessern können.

Ihr Gehalt sollte nach Möglichkeit den Grundstock Ihrer Einnahmen bilden. Es sichert nicht nur Ihr Auskommen heute, sondern ist auch wichtig für Ihre Zukunft. Je mehr Sie verdienen, desto mehr Rente steht Ihnen später zu. Im Kapitel „Kind und Beruf unter einen Hut bringen" ab S. 31 zeigen wir, wie Sie Ihre Berufstätigkeit angehen oder ausbauen können.

Je nach Lebenssituation haben Alleinerziehende Anspruch auf Unterhalt oder Unterhaltsvorschuss für ihr Kind und zudem für eine gewisse Zeit auf Unterhalt für sich. Ihre Ansprüche sollten Sie klären und den Unterhalt einfordern. Dazu mehr im Kapitel über den Unterhalt ab S. 49.

Welche staatlichen Hilfen von Elterngeld über Wohngeld bis zu Arbeitslosengeld Ihnen eventuell zustehen und wie Sie sie beantragen, erfahren Sie im Kapitel „Staatliche Hilfen nutzen“ ab S. 65.

Wo Sie eventuell einen Zuschuss zu den Kitagebühren beantragen können, finden Sie im Abschnitt „Zuschüsse zur Kinderbetreuung“ ab S. 44.

Alles zum Kindergeld und Steuersparmöglichkeiten für Alleinerziehende lesen Sie ausführlich im Kapitel „Steuern sparen“ ab S. 85.

Der Rechte-Check

Wie viel Absprache ist nötig? Bei gemeinsamem Sorgerecht können Sie einiges allein entscheiden, anderes nur mit dem anderen Elternteil gemeinsam.

Auch wenn Eltern getrennt leben, haben sie meist das gemeinsame Sorgerecht. Nach einer Scheidung besteht es beispielsweise bei über 90 Prozent der ehemals verheirateten Paare weiter.

Das alleinige Sorgerecht zu bekommen ist nicht einfach und meist an längere, teure Gerichtsprozesse gebunden. Richten Sie sich also darauf ein, in allen wichtigen Angelegenheiten, die Ihr Kind betreffen, mit dem anderen Elternteil eine Einigung finden zu müssen. Die Übertragung der Alleinsorge kommt aber durchaus vor, wenn das Kindeswohl dies nötig macht. Auch Mütter, die nie in einer festen Beziehung mit dem Vater waren, können nicht darauf vertrauen, das alleinige Sorgerecht auf Dauer zu behalten. Zwar ist Alleinsorge grundsätzlich ab Geburt möglich, wenn die Eltern nicht miteinander verheiratet waren und nicht freiwillig per Sorgeerklärung die gemeinsame Sorge eingerichtet haben. Aber der rechtliche Vater kann sein Recht einklagen, sowohl gemeinsam Sorge tragen zu dürfen als auch Zeit mit dem Kind zu verbringen – egal, ob es eine kurze Urlaubsliebe war oder eine

Der rechtliche Vater ist derjenige, der mit der Mutter bei der Geburt des Kindes verheiratet war, oder der Mann, der die Vaterschaft anerkannt hat. Er muss nicht unbedingt der Erzeuger sein.

langjährige Beziehung, die zu diesem Kind führte.

Die „elterliche Sorge", also das Sorgerecht, setzt sich aus drei Grundsäulen zusammen:

1. **Personensorge.** Sie ist das Recht und die Pflicht, das Kind zu pflegen und zu erziehen; hierzu gehören auch die Gesundheitssorge und das Aufenthaltsbestimmungsrecht
2. **Vermögenssorge.** Darunter fällt beispielsweise die Eröffnung eines Girokontos für das Kind
3. **Rechtliche Vertretung.** Sie umfasst zum Beispiel die Vertretung des Kindes bei Gerichtsprozessen oder gegenüber Behörden

Bei gemeinsamem Sorgerecht sollen die Eltern nach einer Trennung weiterhin einvernehmliche Lösungen finden. Gelingt das in einem bestimmten Punkt nicht, kann jeder Elternteil einen Antrag beim Familiengericht stellen, damit dieses ihm mit Blick auf das Kindeswohl die Entscheidungsbefugnis für diesen Punkt überträgt. Sind Eltern heillos zerstritten, kann das Gericht einem Elternteil auf Antrag die alleinige Sorge zusprechen. Dies ist auch für Teilbereiche der elterlichen Sorge möglich.

Wenn Sie die alleinige Sorge für Ihr Kind tragen, dürfen und müssen Sie alle Entscheidungen rund ums Kind alleine treffen. Allerdings bedeutet alleiniges Sorgerecht nicht, dass der andere Elternteil kein Umgangsrecht hat, also dass er sein Kind nicht sehen darf. Es bedeutet auch nicht, dass kein Unterhaltsanspruch besteht. Diese drei Bereiche hat der Gesetzgeber ganz bewusst nicht miteinander verknüpft.

Das können Sie allein entscheiden

Auch bei gemeinsamer Sorge muss man nicht alles, was das Kind betrifft, mit dem anderen Elternteil absprechen. Sie können alle Angelegenheiten des täglichen Lebens ohne Rücksprache entscheiden. Dazu gehört zum Beispiel:

- wie lange das Kind täglich in der Kita ist
- ob es an besonderen schulischen Veranstaltungen, AGs, Hausaufgabenbeaufsichtigung, Nachhilfe teilnimmt
- ob es eine Ferienbetreuung besucht
- wie es bei leichten Erkrankungen und medizinischen Notfällen behandelt wird
- ob es so krank ist, dass Sie ihm eine Entschuldigung für die Schule schreiben

- wie es Medien und Computerspiele nutzt
- wie es seine Freizeit gestaltet
- ob es bei Freunden übernachtet
- wie es sich kleidet und welche Frisur es trägt
- wann es schlafen geht, welche Familienrituale Sie pflegen

Das sollen Eltern gemeinsam entscheiden

Angelegenheiten von erheblicher Bedeutung hingegen benötigen bei gemeinsamem Sorgerecht das Einverständnis des anderen Elternteils, meist in schriftlicher Form. Dazu gehört:

- ob das Kind eine Psychotherapie machen soll
- ob eine planbare Operation vorgenommen wird, es eine Vollnarkose erhält. Entscheidend dabei ist das Risiko, das mit einer Behandlung verbunden ist. Da eine Vollnarkose immer mit Risiken verbunden ist, ist die Zustimmung erforderlich – außer im Notfall.
- ob es geimpft wird. Aktueller Sachstand: Empfiehlt die ständige Impfkommission StiKo eine Impfung, sieht das Familiengericht sie als dem Kindeswohl dienend an, auch wenn der betreuende Elternteil ein Impfgegner ist.
- grundsätzliche Fragen der religiösen Erziehung – zum Beispiel, ob das Kind getauft wird

HÄTTEN SIE'S GEWUSST?

Wenn Sie in Urlaub fahren möchten, kommt es auf das Reiseziel und die Länge des Urlaubs an, ob Sie das Einverständnis des anderen Elternteils benötigen.

Oft sind es Einzelfallentscheidungen: So sind weit entfernte Länder wie Vietnam oder Südamerika als von Gerichten zustimmungspflichtig beurteilt worden und solche, für die Reisewarnungen bestehen, sowieso.

Eine Urlaubsreise von ein, zwei Wochen innerhalb von Deutschland oder Europa sollte aber kein Problem sein und ist eine Alltagsentscheidung.

- die Wahl von Schule, Kita, Hort, Tagesmutter
- die Wahl der Schulfächer und Fachrichtungen, solange es sich nicht um unwichtige Nebenfächer/Wahlfächer innerhalb der gewählten Fachrichtung handelt
- die Entscheidung über eine Ausbildungsstätte, Lehre
- Elterngespräche über gefährdete Versetzung und freiwillige Nichtversetzung
- wo das Kind seinen Wohnsitz hat: Ein Umzug in eine andere Stadt ist nur mit Einverständnis des anderen Sorgeberechtigten möglich. Bei einem Umzug innerhalb der Stadt ist entscheidend, welche Auswirkungen auf das Kind damit verbunden sind, ob zum Beispiel der Verlust des sozialen Umfelds dagegen spricht.
- das Ausstellen von Ausweispapieren
- ob Fotos des Kindes im Internet oder in Zeitungen veröffentlich werden
- die Eröffnung eines Girokontos und die Anlage und Verwendung von Vermögen
- Grundsatzentscheidungen zur Ernährung, zum Beispiel vegetarische Ernährung
- die Wahl des Namens

Das Kind soll je nach Alter in die Entscheidungen eingebunden werden. In der Praxis ist es nicht immer einfach, zwischen Angelegenheiten des alltäglichen Lebens und solchen von erheblicher Bedeutung zu unterscheiden. Es gibt in diesem Bereich immer wieder Grundsatzurteile von Gerichten, weil Eltern klagen (siehe den Punkt Impfungen). Auch in Bezug auf die Fragen, wie viele Süßigkeiten erlaubt sind und ob übermäßiger Medienkonsum vorliegt, gibt es häufig unterschiedliche Auffassungen, zumal das Alter des Kindes und seine individuelle Reife eine Rolle bei der Bewertung dieser Fragen spielen.

Es gilt die Faustregel: Alles, was langfristige, erhebliche Auswirkungen auf die Entwicklung des Kindes hat, ist eine Angelegenheit von erheblicher Bedeutung. Entscheidungen, die häufig getroffen werden müssen und keine langfristigen Auswirkungen auf das Kind haben, sind der Alltagssorge zuzuordnen. Diese Entscheidungen trifft der umgangsberechtigte Elternteil, wenn das Kind bei ihm ist, dann logischerweise alleine.

Das können Sie vom anderen Elternteil fordern

Möchte sich der andere Elternteil nicht oder nur wenig in die Betreuung einbringen, gibt es nur wenige Möglichkeiten, ihn dazu zu zwingen. Auch wenn er sein Sorgerecht nicht wahrnimmt, indem er sich einer gemeinsamen Entscheidung verweigert, gibt es kaum Möglichkeiten, Druck auszuüben.

Können allerdings zum Beispiel nötige Ausweispapiere nicht ausgestellt werden, weil die Unterschrift des anderen Elternteils fehlt, oder verweigert er eine für das Kindeswohl dringend nötige Operation, steht Ihnen der Weg über das Familiengericht offen. Dieses kann dann anordnen, dass für die umstrittene Frage oder gleich den ganzen Sorgebereich (Gesundheitsfürsorge, Behörden, Schule) das Entscheidungsrecht auf einen Elternteil übertragen wird.

Eine Pflicht, sich um sein getrennt lebendes Kind zu kümmern, existiert faktisch nicht, obwohl im Gesetz davon die Rede ist. Der Grund: Familiengerichte sehen es nicht als dem Kindeswohl dienend an, wenn ein unwilliger Elternteil dazu gezwungen wird, Kontakt zu seinem Kind zu haben. Theoretisch können Ordnungsgelder verhängt werden, wenn ein Elternteil sich seiner Umgangspflicht entzieht. In der Praxis passiert dies nur extrem selten.

Sie haben also nicht das Recht, den anderen Sorgeberechtigten zu veranlassen, sich zum Beispiel jedes zweite Wochenende um sein Kind zu kümmern, damit Sie einmal eine Auszeit haben. Genauso wenig können Sie ihn dazu verpflichten, die Betreuung zu übernehmen, wenn Sie länger krank sind oder ins Krankenhaus müssen. Auch hier hilft nur, die Einsicht des anderen Elternteils zu fördern, zum Beispiel im Rahmen einer Beratung oder Mediation.

Beratung und Unterstützung

Es gibt verschiedene Anlaufstellen für Alleinerziehende, die Beratung und Unterstützung rund um die Themen Sorge- und Umgangsrecht suchen. Welche für Sie die passende ist, hängt von Ihrem Anliegen ab. Möchten Sie nur Erfahrungsaustausch, eignen sich Facebook- oder Selbsthilfegruppen, die sich mit diesen Themen beschäftigen. Das Jugendamt berät kostenfrei in Sorgerechts- und Umgangsfragen in der Beistandschaft (zur Beistandschaft siehe auch den Abschnitt „Unterhalt fürs Kind, Unterhalt für mich", S. 51) und im Allgemeinen Sozialen Dienst (ASD).

In allen Kommunen gibt es außerdem freie Träger, die im Auftrag des Jugendamts

Gut zu wisen

Im Alltag sehr praktisch ist es, wenn Ihnen der andere Sorgeberechtigte eine schriftliche Vollmacht über Teile oder das gesamte elterliche Sorgerecht ausstellt. Er kann die Vollmacht jederzeit und ohne Angabe von Gründen widerrufen, sodass die Hemmschwelle, sich darauf einzulassen, rein rechtlich gering ist. Eine solche Vollmacht für Gesundheitssorge (Operationen, Therapien), Bankgeschäfte, schulische Angelegenheiten oder gegenüber Behörden (An- und Ummeldung, Ausweisbeantragung) kann Ihnen das Leben sehr viel einfacher machen. Für den nicht betreuenden Elternteil hat sie keinerlei Nachteile.

Erziehungs- sowie Trennungs- und Scheidungsberatungen durchführen – ebenfalls kostenfrei. Folgende Ansprechpartner könnten Ihnen weiterhelfen:

- Verband allein erziehender Mütter und Väter
- Mütterlobby
- Väterrechtler-Gruppen
- Ortsgruppen von freien Trägern wie Caritas, Diakonie, AWO
- Städtische Anlaufstellen, soweit vorhanden (über die Chancengleichheitsstelle erfragen)

Falls Sie allerdings eine „rechtssichere Beratung" benötigen, kann man nur Anwälte empfehlen.

→ Anwaltskosten

Wenn sich der Gang zum Anwalt nicht vermeiden lässt und Sie nur über sehr geringe Einkünfte verfügen, besteht die Möglichkeit, Beratungskostenhilfe (außergerichtlich) und Verfahrenskostenhilfe (gerichtlich) zu beantragen. Diese wird einkommensabhängig gewährt. Allerdings wird nicht jeder Anwalt für den Verfahrenskostenhilfesatz tätig, sodass Sie eventuell nicht den Anwalt aufsuchen können, der Sie am besten berät, sondern einen, der bereit ist, Sie für den Verfahrenskostenhilfesatz zu vertreten. Standesrechtlich sind Anwälte jedoch verpflichtet, Sie für den Verfahrenskostenhilfesatz zu beraten, und die „Guten" tun dies auch.

Am besten fragen Sie den Anwalt direkt am Telefon danach. Anwälte können für eine Erstberatung bis zu 190 Euro plus Mehrwertsteuer verlangen und berechnen in Familiensachen die Anwaltskosten normalerweise nach Streitwerten. Wichtig: Lassen Sie sich vom Anwalt genau erklären, wie er abrechnet, bevor Sie ihn beauftragen.

Absicherung für den Notfall

Wer springt ein, wenn ich ausfalle oder gar sterbe? Auch darüber sollten Sie sich Gedanken machen.

Ein Netz an hilfreichen Nachbarn, Freunden und Familie vor Ort ist immer eine gute Sache. Fehlt Ihnen ein solches Netz, sollten Sie gezielt versuchen, sich eines aufzubauen, beispielsweise indem Sie andere Kinder zu sich einladen. Stimmt die Chemie, revanchieren sich die Eltern und werden auch einmal oder vielleicht sogar regelmäßig auf Ihr Kind aufpassen.

Aber auch mit Freundesnetz ist es wichtig, sich schlau zu machen, welche Art von Hilfe Sie in Anspruch nehmen können, wenn Sie sich nicht wie gewohnt um Ihr Kind und den Haushalt kümmern können.

Schon kleine Änderungen im Alltag bedürfen nämlich der Planung. Beispiel: Sie können Ihr Kind nicht selbst aus der Krippe/ Kita abholen, weil Sie mit Grippe flachliegen oder durch eine Geschäftsreise verhindert sind. Viele Kindergärten verlangen dann schriftliche Einverständniserklärungen oder zumindest einen persönlichen Anruf von Ihnen, wenn fremde Menschen (zum Beispiel Kindersitter, Nachbarn, Freunde) das Kind abholen wollen.

Deshalb kann es sinnvoll sein, wenn Sie eine Vollmacht in der Kita hinterlegen, in der festgehalten ist, welche Personen Ihr Kind in Vertretung für Sie abholen dürfen.

Für plötzliche Erkrankungen oder Abwesenheiten vorsorgen

In einigen Städten gibt es professionelle Notfallmütter, die quasi auf Zuruf einspringen, wenn Sie selbst ausfallen. Allerdings ist dies keine Leistung, die Sie über die Krankenkasse oder einen staatlichen Träger abrechnen können, sondern entweder eine Privatsache oder eine Leistung des Arbeitgebers, der damit die Familienfreundlichkeit seines Betriebes fördert. Aber immerhin zählt eine solche Notfallbetreuung zu den haushaltsnahen Dienstleistungen und kann steuerlich abgesetzt werden.

Meist finden sich solche Notfallbetreuungen in großen Städten mit namhaften Firmen. Es ist sicher eine gute Idee, sich zu erkundigen, ob es so etwas vor Ort bei Ihnen gibt und wie hoch die Kosten für das Angebot sind. Vereinzelt bieten auch Kommunen einen solchen Service an – dabei handelt es sich jedoch meist um Pilotprojekte oder Einzelinitiativen von Vereinen, und sie sind immer noch die absolute Ausnahme.

Mit viel Glück kann eine kurzfristige Kinderbetreuung oder Haushaltshilfe auch über den Hausarzt und die Krankenkasse organisiert werden, falls der jeweilige Träger gerade freie Kapazitäten hat. Wenn Sie sich zum Beispiel als Schwangere mit Kleinkind ein Bein brechen und damit im Prinzip bewegungsunfähig sind und sonst niemand im Haushalt einspringen kann, besteht Anspruch auf von der gesetzlichen Krankenkasse bezahlte Hilfe. Organisieren muss man diese aber größtenteils selbst – und das gestaltet sich in akuten Notsituationen oft schwierig.

Die Möglichkeiten, in einer plötzlichen Notsituation von öffentlicher Seite Unterstützung zu bekommen, sind derzeit noch sehr beschränkt. Und so bleibt ansonsten leider nur die Alternative, sich einen eigenen Plan B über private Kontakte zu überlegen. Am besten beschäftigen Sie sich mit dem Thema, bevor Sie eine Hilfe benötigen, um dann schnell handeln zu können.

Planbare Abwesenheit

Besser sieht es schon aus, wenn Sie mit ein paar Tagen oder Wochen Vorlauf wissen, dass Sie als Betreuungsperson für Ihr Kind ausfallen werden. Falls Ihre Abwesenheit beruflich bedingt ist, bleiben Organisation und Bezahlung der Hilfe Ihre private Angelegenheit, sollten Sie nicht das Glück haben, in einer Firma angestellt zu sein, die ihren Mitarbeiterinnen Kindernotfallbetreuung anbietet.

Sind Sie aufgrund einer Krankheit abwesend, haben Sie als Mitglied einer gesetzlichen Krankenkasse die Möglichkeit, sich eine Haushaltshilfe/Familienpflegerin zu organisieren. Diese Fachkraft kümmert sich bis zu 8 Stunden pro Tag um Ihren Haushalt und Ihr Kind – inklusive Kochen, Kinderbetreuung und sämtlichen leichten Hausarbeiten. Das Jugendamt ergänzt unter Umständen die Stunden, wenn man zum Beispiel im Krankenhaus liegt beziehungsweise wenn die 8 Stunden nicht ausreichen. Voraussetzung dafür ist, dass Ihr Hausarzt Ihnen per Attest bescheinigt, dass Sie solch eine Hilfe benötigen. Das Attest müssen Sie bei der Krankenkasse einreichen, die über die Bewilligung entscheidet.

Ganz umsonst ist die Haushaltshilfe über die Krankenkasse nicht: 10 Prozent des Tagessatzes, und mindestens 5 Euro, höchstens jedoch 10 Euro pro Tag müssen Sie selbst beisteuern.

Private Krankenversicherungen übernehmen die Kosten für eine Familienpflegerin/Haushaltshilfe oft nicht. Sie tun dies nur, wenn dies ausdrücklich im Vertrag so geregelt ist. Schauen Sie sich also das Kleingedruckte an oder informieren Sie sich bei Ihrer Versicherung, welche Hilfen Ihnen im Krankheitsfall zustehen.

Sie als Versicherte wählen, ob Sie einen Vertragspartner der Kasse (freie Träger wie zum Beispiel die Caritas) beauftragen möchten oder einen Familienangehörigen Ihrer Wahl mit der Aufgabe betrauen wollen. Für Verwandte und Verschwägerte bis zum zweiten Grad werden keine Kosten erstattet. Die Krankenkasse kann jedoch die erforderlichen Fahrkosten und den Verdienstausfall ersetzen, wenn die Kosten dafür in einem angemessenen Verhältnis zu den sonst für eine Ersatzkraft entstehenden Kosten stehen. Fragen Sie am besten bei Ihrer Krankenkasse nach, ob sie sich hier kulant zeigt, falls Sie im Notfall auf nahe Verwandte zurückgreifen möchten.

Einen gesetzlichen Anspruch auf eine Haushaltshilfe haben Sie, wenn im Haushalt ein Kind unter zwölf Jahren lebt und kein anderes Haushaltsmitglied für Sie einspringen kann, und zwar für die Dauer von bis zu 26 Wochen. Einige Krankenkassen bieten hier verbesserte Leistungen. Sie bezahlen zum Beispiel eine Hilfe auch dann, wenn das Kind schon 13 oder sogar einschließlich 16 Jahre alt ist. Bei einigen Kassen ist die Zahlung nicht auf 26 Wochen begrenzt. Sie zahlen unbegrenzt, solange die Voraussetzungen für den Anspruch erfüllt sind.

Mehr zu den Extraleistungen der einzelnen Krankenkassen finden Sie gegen eine geringe Gebühr in unserem Produktfinder unter test.de/krankenkassen. Hier können Sie auch gezielt nach „Haushaltshilfen mit Kind" suchen.

Je früher Sie wissen, dass Sie als haushaltsführende Erwachsene ausfallen werden, umso besser, denn die Zahl der Familienpflegerinnen ist begrenzt, und speziell wenn es um Kinderbetreuung geht, ist es natürlich wünschenswert, dass nicht jeden Tag eine neue Kraft im Haushalt erscheint.

→ Hilfen über das Jugendamt

Haushaltshilfen über das Jugendamt werden gemäß Paragraf 20 SGB nur gewährt, wenn der Anspruch über eine gesetzliche Krankenkasse ausgeschöpft ist. Eine Hilfe via Jugendamt kommt infrage, wenn Ihr Kind das 14. Lebensjahr noch nicht vollendet hat – das ist also eine weitere Anlaufstelle, falls das zu betreuende Kind schon über zwölf Jahre alt ist.

Vorkehrungen für den Todesfall

Die Themen Invalidität und Tod sind unangenehm, aber etwas, womit Sie sich frühzeitig beschäftigen sollten, gerade als Alleinerziehende. Denn in einer eventuellen Notsituation ist es wertvoll, wenn jemand schnell für Sie handeln kann. Die Frage, wer sich um Ihr Kind und Ihren Besitz kümmern soll, falls Sie plötzlich schwer erkranken oder gar versterben, sollte rechtssicher geklärt sein.

Entgegen der verbreiteten Annahme, dass kirchliche Paten im Notfall für das Kind sorgen würden, ist dies vom Gesetzgeber so nicht vorgesehen. Sie können diesen

Wunsch aber in einer Sorgerechtsverfügung als Empfehlung festlegen. Falls Sie versterben, prüft das Familiengericht, ob Ihre Empfehlung dem Kindeswohl entspricht und gut begründet ist. Solch einer Verfügung wird im Regelfall entsprochen, insbesondere, wenn Sie das alleinige Sorgerecht haben. Ansonsten wird das Familiengericht das Sorgerecht sehr wahrscheinlich dem anderen Elternteil zusprechen, solange dieser noch am Leben ist – auch wenn Sie vorher das alleinige Sorgerecht hatten! Maßstab ist dabei immer das Kindeswohl.

Und noch etwas gilt es zu bedenken: Falls Sie mit dem Ex-Partner in Unfrieden leben und ihm nicht zutrauen, gut für Ihr gemeinsames Kind zu sorgen, möchten Sie vermutlich nicht, dass er durch unglückliche Umstände die Personensorge für Ihr Kind und auch noch die Vermögensverwaltung Ihres Erbes kommissarisch übernimmt, bis das Kind 18 Jahre alt ist. Dann ist es sehr sinnvoll, eine Sorgerechtsverfügung aufzusetzen, damit Ihr Kind im Fall Ihres Todes möglichst gut abgesichert ist. Wie bei einem Testament müssen Sie strenge Anforderungen beachten, damit sie rechtsgültig ist: Sie müssen die Verfügung komplett per Hand schreiben, datieren und unterschreiben. Sie können sie dann bei einer Vertrauensperson oder aber gegen eine Gebühr beim Amtsgericht hinterlegen. Wenn ein größeres Vermögen vorhanden ist, ist es ratsam, die Verfügung notariell erstellen zu lassen und dann gleich beim Notar zu hinterlegen.

Die Verwaltung Ihres Erbes und die Erziehung des Kindes können Sie auch an unterschiedliche Personen übertragen: So könnten die Großeltern die finanziellen Angelegenheiten regeln und Geschwister oder ein neuer Partner die Erziehung des Kindes übernehmen. Infrage kommen auch Freunde. Sprechen Sie mit allen Beteiligten darüber, ob sie mit den Entscheidungen, die Sie für den Ernstfall schriftlich festhalten wollen, einverstanden sind – Kinder über 14 Jahren dürfen mitentscheiden, wo sie leben wollen. Und natürlich sollte der oder diejenige, dem Sie die Verantwortung für Ihr Kind und Ihr Vermögen anvertrauen, diese Aufgabe auch erfüllen wollen und können. Sicherheitshalber sollten Sie einen Ersatz für den von Ihnen ausgewählten Vormund benennen und daran denken, Ihre Verfügung regelmäßig auf Aktualität zu prüfen.

Offizielle Ansprechpartner für Fragen zum Aufsetzen einer Sorgerechtsverfügung sind Notare, Anwälte, Betreuungsvereine und Betreuungsbehörden (wie auch das Jugendamt).

Sorgerechtsverfügung versus Sorgerechtsvollmacht

Eine Sorgerechtsverfügung ähnelt einem Testament (und kann deswegen auch Teil eines Testaments sein), während die Sorgerechtsvollmacht für den Fall gedacht ist, dass der Elternteil mit Sorgerecht schwer erkrankt und seine Sorge nicht mehr wahrnehmen kann.

→ Formulierungsbeispiele

Mit diesen Formulierungen können Sie Ihren Ex-Mann, Ihre Ex-Frau von der Vermögenssorge ausschließen:

Falls mein Sohn/meineTochter ______________________________ zum Zeitpunkt meines Todes noch minderjährig ist, bestimme ich hinsichtlich des ihm/ihr zufallenden Erbes, dass dieses Vermögen nicht durch seinen Vater/seine Mutter verwaltet werden darf. Die Verwaltung übertrage ich ______________________________ als Pfleger. Dem Pfleger erteile ich umfassend Befreiung. Diese Erklärung kann ich jederzeit widerrufen.

So formulieren Sie eine Sorgerechtsvollmacht mit Ersatzvormund:

Für den Fall, dass ich die elterliche Sorge nicht mehr ausüben kann, benenne ich für meine/n minderjährige/n Sohn/Tochter folgenden Vormund: ______________________________. Wenn die vorstehend genannte Person nicht als Vormund eingesetzt werden kann, soll ersatzweise folgende Person zum Vormund bestellt werden: ______________________________. Ich möchte nicht, dass folgende Personen als Vormund bestellt werden: ______________________________.

Diese Erklärung kann ich jederzeit widerrufen.

Checkliste

Eine Sorgerechtsverfügung erstellen

Auf folgende Punkte sollten Sie bei einer Sorgerechtsverfügung für Kinder achten. Sie können sie als separate Sorgerechtsverfügung oder als Bestandteil eines Testaments aufsetzen:

- ☐ Handschriftlich verfasst, Ort und Datum notiert, mit Vor- und Nachnamen unterschrieben
- ☐ Gut auffindbar und sicher hinterlegt (kann auch bei einer Vertrauensperson sein)
- ☐ Die ausgewählten Personen sind informiert und einverstanden, Kinder ab 14 sind einverstanden
- ☐ Ersatzvormund ist eingesetzt
- ☐ Eventuell bestimmte Personen von der Sorge explizit ausgeschlossen
- ☐ Sie haben entschieden, ob Vermögenssorge und Personensorge getrennt sein sollen

Informieren, vernetzen, Hilfe holen

Es ist ungemein hilfreich, sich mit anderen Alleinerziehenden zu vernetzen, sagt **Nicola Stroop.** Sie ist Vorstand des Verbandes allein erziehender Mütter und Väter (VAMV), Landesverband NRW.

Haben Sie einen Rat für Alleinerziehende, der immer gültig ist?

Informier dich. Vernetz dich. Hol dir Hilfe. Das ist ein zeitloser Dreiklang, der immer Gültigkeit hat. Wer sich informieren möchte, findet in diesem Ratgeber relevante Hinweise und eine gute Stütze, um sich gerade in der ersten Phase des Alleinerziehend-Seins zu orientieren. Zudem raten wir allen Alleinerziehenden, sich mit Gleichgesinnten zu vernetzen. Das kann erst einmal in einer der zahlreichen vorhandenen Facebook-Gruppen passieren. Für NRW bietet der VAMV beispielsweise die Gruppe „Alleinerziehenden-Treffs in NRW". Einige unserer Mitglieder haben außerdem regionale Gruppen gegründet, in denen sich alleinerziehende Mütter und Väter austauschen und treffen. Diese Gruppen bergen einen enormen Schatz: nämlich das Erfahrungswissen anderer Alleinerziehender. Und dort erhalten Alleinerziehende auch die Hilfe, die sie oftmals dringend brauchen: praktische Hilfe im Alltag, Solidarität und Unterstützung oder einfach ein offenes Ohr, um zu reden.

Haben Sie ein Beispiel, was in diesen Gruppen passiert?

Es gibt eine Gruppe von Alleinerziehenden aus dem Kreis Wesel. Ein alleinerziehender Vater aus der Gruppe konnte mehrere Jobangebote nicht annehmen, da ihm frühmorgens eine Stunde Kinderbetreuung fehlte. Er hat eine Petition gestartet und gemeinsam mit anderen Mitgliedern der Gruppe erreicht, dass sich der Jugendhilfeausschuss in seinem Wohnort konkret mit dem Thema befasst. Der alleinerziehende Vater hat erfahren, dass er mit seinen Problemen nicht alleine dasteht und in der Gemeinschaft Veränderungen herbeiführen kann.

Mit welchen Fragen und Problemen wenden sich Alleinerziehende am häufigsten an Sie?

Die Fragen sind so vielfältig wie die Herausforderungen im Leben. Wir können sie aber in drei Hauptgruppe einteilen: Erstens Fragen zur Existenzsicherung, dazu gehört alles rund um die Finanzen und beispielsweise die Betreuungsproblematik bei Berufstätigkeit. Zweitens rechtliche Fragen zum Umgangs- und Sorgerecht, aber auch allgemeine Fragen zum Ablauf von Trennung und Scheidung. Und drittens psychosoziale Fragen. Hier geht es oftmals darum, dass Alleinerziehende eine Haltung zu einem bestimmten Thema bilden möchten. Zum Beispiel bei der Frage, wie viel Umgang mit dem anderen Elternteil gut für ihr Kind ist oder wie sie mit Festtagen wie Weihnachten umgehen. Es sind Fragen, die Alleinerziehende schwer mit sich allein abstimmen können und die sehr gut im Austausch mit Gleichgesinnten beantwortet werden können.

Kommen alleinerziehende Väter mit anderen Fragen zu ihnen als alleinerziehende Mütter?

Alleinerziehende Väter müssen sich den gleichen Schwierigkeiten wie Mütter stellen. Allerdings haben alleinerziehende Väter häufig ältere Kinder und verdienen oft besser. Sie haben mehr Geld, arbeiten mehr – und haben deshalb öfter Fragen zur Vereinbarkeit von Familie und Beruf.

Was sind aus Ihrer Sicht die wichtigsten Anlaufstellen für Alleinerziehende außer dem VAMV?

Jede Stadt, jede Kommune bietet andere Angebote und andere Ansprechpartner für Alleinerziehende. Eine gute erste Adresse ist die Gleichstellungsbeauftragte. Sie hat einen Überblick, beispielsweise welche kirchlichen Träger Beratungen für Alleinerziehende anbieten. Mitunter ist es sehr anstrengend für Alleinerziehende, sich diese Adressen zu besorgen und die Informationen zu erhalten, die sie benötigen. Unsere Forderung an die Kommunen lautet deshalb, zentrale Anlaufstellen für Alleinerziehende einzurichten.

Kind und Beruf unter einen Hut bringen

Die Vereinbarkeit von Familie und Beruf gut zu organisieren ist für Alleinerziehende besonders wichtig – denn der Job muss zur Familie passen und umgekehrt.

Mit Kindern kommt es fast immer zu einer Zäsur im Berufsleben, besonders bei Frauen. Während Männer statistisch gesehen nach der Geburt von Nachwuchs eher die Stundenzahl erhöhen und sich in der Pflicht sehen, das Familieneinkommen zu sichern oder gar zu vermehren, treten Mütter häufig kürzer. Nach einer Trennung finden sich dann eventuell beide Elternteile in einer Rolle wieder, die sie so gar nicht ausfüllen wollten, zumindest nicht langfristig: Mütter haben entweder nach der Geburt pausiert oder in Teilzeit gearbeitet, wohingegen Väter fast immer Vollzeit berufstätig sind.

Damit geht logischerweise ein Ungleichgewicht beim Einkommen einher. Sind Eltern dann alleinerziehend, stehen Mütter meist eher vor dem Problem, ihre Arbeitszeit erweitern zu müssen, während alleinerziehende Väter häufiger mit Betreuungsproblemen kämpfen beziehungsweise ihre Stundenzahl oft nicht so leicht reduzieren können. Diese durch traditionelle Rollenbilder und politische Strukturen in Deutschland immer noch besonders ausgeprägten Arbeitsteilungen haben nicht nur Auswirkungen auf Ihre finanzielle Lage in der Gegenwart, sondern auch auf Ihre künftige Rente.

Deswegen ist die eigene Berufstätigkeit ein wesentlicher Pfeiler für die Sicherheit Ihrer Familie. Damit diese sich möglichst stressfrei im Alltag realisieren lässt, brauchen Sie zuverlässige Kinderbetreuung „mit Netz und doppeltem Boden" für den Fall, dass die Kita plötzlich schließt wegen einer Grippewelle oder Streik, die Tagesmutter selbst krank wird oder für Sie eine Dienstreise ansteht, die Ihren normalen Tagesablauf sprengt – siehe dazu auch „Absicherung für den Notfall", S. 23.

Ein Job sorgt nicht nur für regelmäßige Geldeingänge in der Gegenwart und verhindert Armut im Alter, er bedeutet auch Teilhabe – Zeit mit Erwachsenen. Im Idealfall macht er Ihnen Spaß und bringt Erfolgserlebnisse. Vielen Alleinerziehenden ist es auch wichtig, ihren Kindern dahingehend ein Vorbild zu sein und zu zeigen, dass man zwar Unterstützung durch den Staat in Anspruch nehmen kann, wenn es nötig ist, sich aber Mühe gibt, fürs eigene finanzielle Auskommen zu sorgen.

Sicher im Berufsleben stehen

Für ein gelingendes Arbeitsleben als Alleinerziehende kommt es nicht nur auf Ihren Beruf an. Auch Ihr Wohnort und Ihr privates Netzwerk spielen eine wichtige Rolle.

Wenn Sie zu dem Zeitpunkt, an dem Ihr Status zu alleinziehend wechselt, sicher im Berufsleben stehen, haben Sie den Vorteil, dass Sie sich nicht aktiv nach einer Stelle umsehen müssen. Eine Stellensuche bedeutet immer Aufwand. Andererseits kann es auch eine Chance sein, etwas Neues zu beginnen.

Aber wie gehen Sie bei einer Bewerbung am besten vor? Vielleicht haben Sie gehört, dass Arbeitgeber Vorbehalte gegenüber alleinerziehenden Frauen als Arbeitnehmerinnen hätten. Es mag tatsächlich Chefs geben, die sich Gedanken darüber machen, dass Alleinerziehende – egal ob Mann oder Frau – wegen der Kinderkrankheitstage ständig fehlen würden und dass dies dem Unternehmen schaden könnte. In modernen Firmen spielt das aber zum Glück immer weniger eine Rolle. Es gibt nicht wenige Personalchefinnen, die sagen, dass sie lieber Arbeitnehmerinnen mit Kindern einstellen, weil diese gelernt haben, mit ihrer Zeit hauszuhalten. Sie sind häufig sehr gut organisiert und arbeiten ausgesprochen fokussiert, weil sie wissen, dass ihr Zeitbudget begrenzt ist. Außerdem bieten viele Firmen inzwischen Homeoffice an, was es Eltern leichter macht, Familie und Beruf zu vereinbaren.

In Ihrer Bewerbung sollten Sie sich selbstbewusst präsentieren und nicht auf Ihren Familienstatus eingehen. Der Arbeitgeber darf Sie im Bewerbungsgespräch nach Ihrer familiären Situation fragen und Sie müssen wahrheitsgemäß antworten. Es reicht die Auskunft, dass die Betreuung Ihrer Kinder selbstverständlich gesichert ist und es für Sie kein Problem darstellt, das Arbeitspensum, das in der Stellenausschreibung gefordert ist, zu leisten. Ansonsten müssen Sie nicht weiter ausführlich auf diese Frage eingehen (siehe dazu auch das Interview „Selbstbewusst bewerben", S. 39).

Wer bereits im Job steht und entweder in Elternzeit oder zum Zeitpunkt der Trennung aktiv berufstätig ist, muss solche Überlegungen nicht anstellen: Sind Sie in einem größeren Unternehmen tätig, können Sie nach Rücksprache mit Ihren Vorgesetzten vielleicht sogar Ihr Arbeitspensum Ihren neuen Bedürfnissen anpassen – sei es nach oben, um mehr Geld zu verdienen, oder nach unten, um mehr Zeit fürs Kind und den Haushalt zu haben. Auch in kleinen Unternehmen kann es durchaus sein, dass Sie mit Ihrem Anliegen auf offene Ohren stoßen.

30 SEKUNDEN FAKTEN

31 STD.

pro Woche arbeiten berufstätige **alleinerziehende Frauen** im Schnitt

26 STD.

pro Woche arbeiten berufstätige **Mütter in Paarbeziehungen** durchschnittlich im Job

41 STD.

pro Woche ist das Durchschnittspensum im Job für **Väter in Paarbeziehungen**

40 STD.

pro Woche arbeiten berufstätige **alleinerziehende Väter** durchschnittlich

Quelle: Destatis 2018

Gut betreut.
Suchen Sie frühzeitig nach einem geeigneten Betreuungsplatz, damit Ihr Wiedereinstieg in den Beruf gut klappt.

Je nachdem, ob Sie ländlich oder in einer Großstadt wohnen, werden Sie sehr unterschiedlich gut ausgebaute Kinderbetreuungsangebote vorfinden, die zudem von Kommune zu Kommune und Bundesland zu Bundesland mit völlig unterschiedlichen Kosten verbunden sind. In einigen Städten sind Kindergartenplätze kostenlos, in anderen sind die Gebühren einkommensabhängig, anderswo hängen sie von der Zahl der Kinder unter 18 im Haushalt ab.

Vielleicht erwägen Sie wegen der Kinderbetreuungssituation sogar einen Umzug – bedenken Sie aber, dass dies bei gemeinsamem Sorgerecht nur mit Einverständnis des anderen Sorgeberechtigten möglich ist. Möchten Sie also in die Nähe Ihrer eigenen Verwandtschaft ziehen, um Beruf und Familie besser vereinbaren zu können, geht dies nicht über den Kopf des anderen sorgeberechtigten Elternteils hinweg.

Allerdings bleibt Ihnen, wenn er sein Einverständnis verweigert, immer noch das Recht, vor dem Familiengericht zu beantragen, dass Sie den Wohnort wechseln dürfen. Das Gericht kann in diesem Fall das Aufenthaltsbestimmungsrecht fürs Kind, das Teil der Personensorge ist (siehe „Der Rechte-Check", S. 17), auf Sie übertragen. Alle sonstigen Sorgebereiche und auch das Umgangsrecht bleiben davon unberührt.

Den passenden Beruf finden

Falls Sie sich beruflich neu orientieren wollen, stehen Sie jetzt vor wichtigen Entscheidungen. Welches Berufsfeld und welchen konkreten Beruf können Sie sich vorstellen? Können Sie die dafür notwendigen Qualifikationen schon vorweisen, oder wäre es sinnvoll, noch zusätzliche Schulungen zu absolvieren? Natürlich ist es anstrengend, sich neben der Kindererziehung und dem Haushalt noch weiterzubilden, aber wenn dies Ihr berufliches Fortkommen und Ihre finanzielle Zukunft sichert, sollten Sie es anpacken.

Es gibt eine Vielzahl an Fördermöglichkeiten und Programmen für junge und relativ junge Menschen, die sich weiterbilden möchten und dafür finanzielle Unterstützung benötigen. Auch ein höherer Schulabschluss lässt sich in Elternzeit oder nebenberuflich auf dem zweiten Bildungsweg nachholen – Beratung dazu gibt es bei den kommunalen Frauenbeauftragten, dem Schulamt, der Berufsberatung der Arbeitsagenturen und beim Kultusministerium des jeweiligen Bundeslandes.

Verfügen Sie weder über eine Ausbildung noch über einen Schulabschluss, dann bieten einige Länder, oft in Zusammenarbeit mit der Arbeitsagentur, spezielle Projekte an, in denen Kinderbetreuung und Ausbildung kombiniert werden. Und wenn Sie Ihre erste Ausbildung in einem Betrieb absolvieren, haben Sie Anspruch auf Berufsausbildungsbeihilfe (BAB) von der Arbeitsagentur. Die Arbeitsagentur berät Sie auch, falls Sie Ihre Ausbildung gerne in Teilzeit machen möchten. Laut Berufsbildungsgesetz ist dies grundsätzlich möglich.

Sollte die Arbeitsagentur Ihnen eine Fortbildung oder Umschulung anbieten, muss diese Weiterbildung mit Ihren Kindern vereinbar sein: Sie können darauf bestehen, wegen fehlender Kinderbetreuung für aufsichtspflichtige Kinder nur in Teilzeit teilzunehmen. Ferner können Kinderbetreuungskosten in Höhe von bis zu 130 Euro monatlich pro Kind durch die Arbeitsagentur erstattet werden.

▶ Einen sehr guten generellen Überblick zum Thema Weiterbildung gibt die Checkliste und Infoseite des Bundesinstituts für Berufsbildung unter bibb.de/checkliste. Speziell auf Frauen ausgerichtete Informationen hält die Webseite perspektive-wiedereinstieg.de des Bundesfamilienministeriums bereit. Dort sind auch regionale Beratungsstellen aufgelistet.

Minijob, Teilzeit, Vollzeit – was passt zu mir?

Die richtige Balance zwischen der Zahl der Arbeitsstunden, dem dafür verdienten Geld, und der Freizeit, in der Alleinerziehende mit Haushalt und Kinderbetreuung ausgelastet sind, kann eine knifflige Angelegenheit sein. Denn mit einer Teilzeitbeschäftigung lässt sich der Lebensunterhalt meist nicht bestreiten, und je nachdem, ob der Ex-Partner Unterhalt zahlt und in welcher Höhe, ob Sie Hilfe im Alltag haben oder gar alles komplett alleine stemmen müssen, sind natürlich die Voraussetzungen für gelingende Vereinbarkeit völlig unterschiedlich.

Nach einem anstrengenden Acht-Stunden-Arbeitstag mit zwei Stunden Pendelzeit noch mit einem Grundschulkind Hausaufgaben zu machen, Wäsche zu waschen, das Bad zu putzen, Essen vorzukochen und irgendwie Lebensfreude und Leichtigkeit ins Familienleben zu bringen ist wahrscheinlich keine realistische Vorstellung vom Alltag als Alleinerziehende. Und die meisten Mütter und Väter von Kindergarten- oder Krippenkindern möchten nicht erst nach

Hause kommen, wenn das Kind schon schläft – bis zum Alter von vier Jahren ist aber meist nach dem Sandmännchen Schluss.

Einige Frauen schaffen es trotzdem, in ihrem Wunschberuf weiter tätig zu sein, selbst wenn dieser Schichtdienst und sogar Nachtschichten erfordert. Das klappt aber nur, wenn ein gutes privates Netzwerk oder eine sehr gut ausgebaute Kinderbetreuungsinfrastruktur vorhanden ist.

Besonders gute Voraussetzungen für gelingende Vereinbarkeit haben Alleinerziehende, die mit dem ehemaligen Partner eine gute Elternbeziehung etablieren konnten. Es hilft ungemein, wenn der andere Elternteil bereit und in der Lage ist, kurzfristig einzuspringen, wenn das Kind krank wird oder Sie wegen beruflicher Termine den gewohnten Tagesplan ändern müssen. Auch Familie vor Ort, kinderlose Freunde oder Leihomas sind ein großer Glücksfall.

All jene, die ihren Alltag und das Berufsleben mit Kind alleine organisieren müssen, werden ihre persönliche Belastungsgrenze austarieren müssen und vor allem auch darauf schauen, wie viel Fremdbetreuung das eigene Kind überhaupt verträgt. Denn gerade Trennungskinder brauchen manchmal für eine gewisse Zeit etwas mehr Nähe und Zuwendung als andere Kinder. Wenn dies dazu führt, dass Sie finanziell schlechter dastehen, ist das zwar unerfreulich, aber wahrscheinlich in der Anfangsphase Ihres Alleinerziehendenlebens alternativlos.

Recht auf Teilzeit

Grundsätzlich haben nicht nur Eltern das Recht auf Teilzeit statt Vollzeit, sondern jeder Mitarbeiter eines Betriebs mit mindestens 15 Arbeitnehmern, wenn er mindestens sechs Monate dort angestellt ist. Bei Mitarbeitern in Elternzeit darf der Arbeitgeber diesen Wunsch nur ablehnen, wenn dringende betriebliche Gründe dagegen sprechen. Auch in Teilzeit haben Sie ein Recht auf bezahlten Jahresurlaub von mindestens vier Wochen und Lohnfortzahlung bei Krankheit. Ein Recht auf Rückkehr von Teilzeit in eine Vollzeitbeschäftigung gab es vor 2019 nicht. Das hat sich jetzt geändert.

→ Die neue Brückenteilzeit

Seit dem 1. Januar 2019 haben Angestellte das Recht, für ein bis fünf Jahre befristet in Teilzeit zu gehen und danach wieder im selben Umfang wie vor der Teilzeittätigkeit zu arbeiten. Dieser Anspruch ist nicht an einen bestimmten Grund geknüpft. Er gilt für alle Arbeitnehmer, die schon mindestens sechs Monate in ihrem Arbeitsverhältnis sind und in Firmen mit mindestens 45 Mitarbeitern arbeiten. Bei Unternehmen mit 46 bis 200 Mitarbeitern gibt es eine Zumutbarkeitsgrenze.

Den Antrag auf Brückenteilzeit müssen Sie schriftlich stellen und sich darin auf einen bestimmten Zeitrahmen

Gut zu wissen

Gesetzlich versicherten Alleinerziehenden stehen doppelt so viele Tage für die Pflege kranker Kinder zu wie gemeinsam lebenden Eltern: pro Kind unter zwölf Jahren 20 Tage im Jahr, gedeckelt auf 50 Tage pro Alleinerziehender und Jahr. Die Lohnfortzahlung übernimmt die Krankenkasse, die Kinderkrankengeld zahlt. Allerdings beträgt das Krankengeld nur 90 Prozent des Verdienstes. Das kann speziell bei geringem Verdienst zu finanziellen Engpässen führen. Um einen Kinderkranktag in Anspruch nehmen zu können, benötigen Sie ab dem ersten Krankheitstag ein Attest vom Kinderarzt. Privat Krankenversicherte haben hingegen keinen Anspruch auf Kinderkrankengeld.

und Stundenumfang festlegen. Ein wichtiges Detail: Die Neuregelung gilt auch, wenn Sie derzeit unbefristet in Teilzeit arbeiten und Ihr Arbeitspensum aufstocken wollen – der Arbeitgeber kann dies nur ablehnen, wenn er nachweisen kann, dass kein solcher Arbeitsplatz vorhanden ist oder Sie nicht gleich gut geeignet sind wie andere Bewerber.

Notnagel Minijob

Notfalls kann ein Minijob (bis zu einem Monatsverdienst von 450 Euro) oder ein Midijob (bis 850 Euro) helfen, die Haushaltskasse aufzubessern. Auf diese Jobs zahlt man als Arbeitnehmer keine bis sehr wenige Abgaben, hat aber die Möglichkeit, relativ geringe Beiträge in die Rentenversicherung einzuzahlen.

Zwar erhöhen die Beiträge durch Minijobs die Summe auf Ihrem Rentenbescheid später nur geringfügig. Dennoch zahlt es sich langfristig aus, bei Minijobs die freiwilligen Rentenbeiträge abzuführen, wenn Sie keinen anderen versicherungspflichtigen Job ausüben. Damit erwerben Sie zum einen Ansprüche auf Reha-Maßnahmen, Erwerbsminderungsrenten und Förderung Ihrer Riester-Rente. Zum anderen kann die freiwillige Rentenversicherung durch einen Minijob eine sehr gute Idee sein, um später lückenlose Beitragszeiten für die gesetzliche Rente vorzuweisen.

Sollten Sie zwei oder mehrere Minijobs ausüben, wird der Verdienst addiert. Bis zu einem Einkommen von 450 Euro gelten die günstigen Minijobbedingungen, alles darüber hinaus muss anders versteuert werden.

Für Sie als Alleinerziehende wichtig: Auch Minijobber haben Anspruch auf bezahlten Urlaub, bis zu sechs Wochen Lohnfortzahlung im Krankheitsfall und bis zu fünf Kinderkranktage.

Sollten der Arbeitsvertrag oder der Tarifvertrag dies ausschließen, muss der Arbeitgeben Sie zumindest unbezahlt freistellen, wenn Sie ein krankes Kind unter zwölf Jahren pflegen müssen.

Ausführliche Informationen dazu finden Sie auf minijob-zentrale.de.

Rückkehrrecht nach Elternzeit und Kündigungsschutz

Mitarbeiter in Elternzeit haben pro Kind das Recht auf maximal drei Jahre Auszeit. Nach der Elternzeit können Sie zu Ihrem Arbeitgeber zurückkehren. Es muss nicht exakt der gleiche Arbeitsplatz sein, aber einer, der von der Qualifikation, der Bezahlung, dem Arbeitsort und der Arbeitszeit her dem vorherigen entspricht.

Während der Elternzeit sind Arbeitnehmer unkündbar. Und auch danach stehen Sie als Elternteil unter einem gewissen Schutz, der Sozialauswahl. Diese besagt, dass eine Firma Mitarbeitern nicht nach Belieben kündigen darf, auch wenn sie rechtlich anzuerkennende Gründe für Kündigungen hat, zum Beispiel betriebsbedingte Gründe. Der Arbeitgeber muss seine Entscheidung, welchen Mitarbeitern er kündigt, bei betriebsbedingten Kündigungen an der sozialen Schutzbedürftigkeit ausrichten. In Kleinbetrieben mit unter zehn Personen kann der Kündigungsschutz eingeschränkt sein.

Für die Sozialauswahl gelten folgende Kriterien:

- Dauer der Betriebszugehörigkeit
- Lebensalter
- Unterhaltspflichten
- Schwerbehinderung des Arbeitnehmers

Als Vergleichsgruppe für die Sozialauswahl werden Mitarbeiter herangezogen, die vergleichbare Tätigkeiten ausüben und auf einer Hierarchieebene stehen. Ob und inwiefern die Sozialauswahl auch für Teilzeitarbeitsplätze gilt, ist arbeitsrechtlich nicht einfach zu beurteilen und kommt stark auf den Firmenkontext an.

Ein leider sehr heikler Punkt beim Thema Kündigungsschutz und Elternzeit ist die Tatsache, dass Eltern zwar während der Elternzeit nicht gekündigt werden kann, aber ab dem Tag danach im Prinzip wieder alles möglich ist, sofern die Sozialauswahl dem nicht entgegensteht. Dies scheint in den vergangenen Jahren sogar Vätern, die mehr als die „üblichen" zwei Monate Elternzeit genommen haben, vermehrt zu passieren.

Lassen Sie sich unbedingt anwaltlich beraten, falls Ihnen direkt nach der Elternzeit gekündigt wird, um zumindest eine Abfindung zu erstreiten, selbst wenn Sie auf den alten Arbeitsplatz verständlicherweise nicht mehr zurückkehren wollen!

Selbstbewusst bewerben

Es kommt nicht auf den Familienstand an, sondern auf die Qualifikation für die Stelle, sagt **Anke Hadlich.** Sie ist Arbeitsrechtlerin und hat viele Jahre als Leiterin der Abteilung Personalmanagement am Unfallkrankenhaus Berlin gearbeitet. Seit 2018 ist sie Personalchefin der Stiftung Warentest.

Spielt für Sie als Personalchefin der Familienstand eine Rolle?
Nein, er spielt für mich überhaupt keine Rolle, denn er hat keinerlei Bezug zur Arbeitsaufgabe. Als Personalchefin interessieren mich die Persönlichkeit des Bewerbers und natürlich seine Begabungen, Kenntnisse und Fähigkeiten.

Sehen das andere Personalchefs und Chefs Ihrer Erfahrung nach genauso?
Nicht unbedingt. Bei manchen gibt es durchaus Vorbehalte aufgrund negativer Erfahrungen.

Darf ich Kinder und Familienstand in der Bewerbung einfach weglassen?
Ja, das dürfen Sie. Es geht allein um den Abgleich Ihrer Eignung mit der Arbeitsaufgabe, nicht um Ihr Umfeld. Im Fokus des Bewerbungsgesprächs stehen ganz klar Sie als Bewerberin. Ihre Persönlichkeit und Ihre fachliche Eignung müssen zum Team, zur Aufgabe, zum Unternehmen und zur Firmenkultur passen.

Ist es eine gute Idee, gleich in der Bewerbung zu schreiben, dass ich alleinerziehend bin, aber die Kinderbetreuung gesichert ist?
Ich halte das nicht für zielführend, da der Bewerber den Fokus gerade nicht aktiv auf diesen Aspekt lenken sollte, sondern – wie gesagt – seine Eignung in den Mittelpunkt rücken sollte. Der begrenzte Platz im Bewerbungsanschreiben und die knappe Zeit im Bewerbungsgespräch müssen effektiv zur Vorstellung der eigenen Person genutzt werden. Sie sollen von sich und Ihrem Können überzeugen.

Was sage ich am besten, wenn ich im Bewerbungsgespräch nach meinem Familienstand gefragt werde? Ist es erlaubt zu lügen?
Sie sollten nicht lügen, aber auch nicht betonen, dass Sie alleinerziehend sind. Wird nach dem Familienstand gefragt, antworten Sie am besten, dass Sie nicht verheiratet sind. Punkt. Und selbstbewusst weiter zum nächsten Thema. Überzeugen Sie mit sicherem Auftreten, zeigen Sie Ihre Motivation, fachliche Eignung und betonen Sie zielgerichtet die für Sie sprechenden Kriterien!

Je mehr Kinder, desto höher der Anspruch an Kinderkranktagen, besonders bei Alleinerziehenden. Haben Sie das im Hinterkopf, wenn Sie Mitarbeiter auswählen?
Nein, ganz und gar nicht. Ich habe sehr gute Erfahrungen mit der bewussten Einstellung von Eltern gemacht. Sie sind oft besonders gut organisiert, arbeiten planvoll und effektiv, um zügig zum Ergebnis zu kommen. So schaffen sie häufig mehr in weniger Zeit. Natürlich fallen sie auch mal aus mit Kindkranktagen, aber unterm Strich wird das wettgemacht durch ihr motiviertes ergebnisorientiertes Mitarbeiten. Sie stehen Mitarbeitern ohne Kinder in absolut nichts nach.

Was würden Sie mir als Alleinerziehender raten, wenn ich auf Jobsuche bin?
Sie sollten den Fokus im Anschreiben und im Gespräch auf Ihre Qualifikation und Ihre Persönlichkeit setzen. Ganz bewusst! Das heißt, Sie sollten Ihre Kenntnisse, Fähigkeiten und Ihre Soft Skills, wie zum Beispiel Flexibilität, Empathie, Präsentationsstärke betonen. In das Gespräch sollten Sie gut vorbereitet gehen und Beispiele parat haben, wie sich Ihre Erfahrungen und Soft Skills ins neue berufliche Umfeld einbringen lassen. Hierbei sollte unbedingt deutlich werden, dass Sie sich über den potenziellen Arbeitgeber im Vorfeld ausführlich informiert haben.

Ganz wichtig: Sie sollten in der Bewerbungssituation authentisch bleiben und sich Ihrer eigenen Stärken und Schwächen bewusst sein. Diese sollten Sie durchaus offen kommunizieren. Spätestens bei Jobantritt präsentieren Sie sich als neue Mitarbeiterin so, wie Sie sind, also mit all Ihren Ecken und Kanten, Stärken und Schwächen. Deshalb ist es sowohl für den Arbeitgeber als auch für Sie umso ehrlicher und transparenter, diese bereits im Vorfeld offen anzusprechen und sich dann bewusst füreinander oder eben nicht zu entscheiden. Nur so wird das dann beginnende Arbeitsverhältnis für beide Seiten von Erfolg und Wohlbefinden gekrönt sein. Merken eine oder beide Seiten im Vorfeld durch ehrliche Kommunikation, dass man nicht zueinander passt, weil zum Beispiel die Werte nicht übereinstimmen, dann ist die logische Konsequenz, kein Arbeitsverhältnis miteinander einzugehen.

Dieser Rat gilt allerdings nicht speziell für Alleinerziehende, sondern für jeden Bewerber.

Kinderbetreuung, die zum Job passt

Verlässliche Kinderbetreuung ist die halbe Miete für gelingende Vereinbarkeit von Familie und Beruf – besonders, falls Sie noch nicht auf ein unterstützendes Netzwerk zurückgreifen können.

Mit dem gesetzlich seit 2013 festgeschriebenen Recht auf einen Betreuungsplatz für Kinder ab einem Jahr bis zum Schulalter hat der Ausbau der öffentlichen Kinderbetreuung einen ordentlichen Schub bekommen – trotzdem reichen die Plätze vielerorts immer noch bei Weitem nicht, um die wachsende Nachfrage zu befriedigen. Sie haben also zwar einen Rechtsanspruch auf Betreuung für Ihr Kind, aber keine Garantie, dass Sie tatsächlich einen Platz für den Nachwuchs bekommen.

Die Platzvergabe erfolgt von Ort zu Ort auf sehr unterschiedliche Weise. Informieren Sie sich deswegen frühzeitig bei der Stadt oder bei anderen Eltern, wie die Vergabe der Kinderbetreuungsplätze bei Ihnen gehandhabt wird. Manche Kommunen haben eine zentrale Vormerkliste, in die man sich online einträgt, einige Großstädte arbeiten mit Kitagutscheinen, andere haben Wartelisten, die die einzelnen Kindertageseinrichtungen selbst verwalten. Manche nehmen Anmeldungen nur bis zu einem bestimmten Datum im Jahr für das laufende Kindergartenjahr entgegen, was bedeutet, dass Sie schlechte Karten haben, wenn Sie relativ unvermittelt ein Jobangebot annehmen wollen. An anderen Orten gibt es so viele Kitaplätze, dass Sie sich die Institution aussuchen können. Die Unterschiede sind enorm, auch was die Elternbeiträge betrifft und die Kriterien, nach denen Bewerbungen für Kitaplätze priorisiert werden.

Wenn Sie Glück haben, bevorzugt Ihre Kommune berufstätige oder arbeitssuchende Alleinerziehende bei der Platzvergabe. Ob dies der Fall ist, ist eine politische Frage, die im Gemeinde- oder Stadtrat entschieden wird. Auskunft darüber erteilt das jeweilige Jugendamt. Falls Sie unzufrieden mit der Gewichtung der Kriterien Ihrer Gemeinde sind, sind Ihre Ansprechpartner die Lokalpolitiker. Diese entscheiden übrigens auch über die Öffnungszeiten der städtischen Kitas, die Preisgestaltung, das Angebot an Ferienbetreuung, Randzeitenbetreuung und die Zahl der Betreuungsplätze vor Ort – daher die große Vielfalt innerhalb von Deutschland.

Die Kommune ist auch in der Pflicht, falls Sie Ihren Job nicht ausüben oder antreten können, weil sie Ihnen den Kinderbetreuungsplatz nicht zur Verfügung stellen kann, der Ihnen rechtlich zusteht. Je nach Ausgangslage können Sie nicht nur Kosten für privat organisierte Kinderbetreuung von der Kommune fordern, sondern obendrein noch Schadensersatz für entgangenes Gehalt einklagen. Siehe „Bei fehlendem Betreuungsplatz klagen", S. 44.

Bei Elterninitiativen wiederum gelten ganz eigene, andere Regeln – häufig ist handfeste Mitarbeit gefragt: Putzen, Kochen, bestimmte Dienste wahrzunehmen und sich auch sonst einzubringen gehört hier unbedingt dazu. Dafür aber haben Sie einen großen Mitgestaltungsspielraum, was die Ausrichtung der Einrichtung betrifft.

→ Auch für Säuglinge

Der Rechtsanspruch auf einen Betreuungsplatz besteht auch für Kinder, die noch kein Jahr alt sind: wenn Sie zum Beispiel eine Ausbildung machen, eine Schule besuchen oder studieren, an einer beruflichen Bildungsmaßnahme teilnehmen, bereits berufstätig sind oder in Kürze eine Arbeitsstelle antreten.

Ihre Rechte rund um den Betreuungsplatz

Auch wenn Sie sich gemäß dem örtlichen Vergabeverfahren und rechtzeitig um einen Kita- oder Krippenplatz beworben haben, der mit Ihren Arbeitszeiten harmoniert, kann es passieren, dass Ihnen nur ein Vormittagsplatz oder einer mit verlängerten Öffnungszeiten angeboten wird. Dann ist nach dem Mittagessen Schluss.

Das müssen Sie ebenso wenig hinnehmen wie zu lange Wege zum Betreuungsort – laut neuester Rechtsprechung dürfen Ihnen und dem Kind maximal 30 Minuten pro Strecke mit öffentlichen Verkehrsmitteln zugemutet werden, falls die Kita nicht auf Ihrem Arbeitsweg liegt. Bei einer Vollzeitstelle werden in der Regel Betreuungsangebote mit 45 Wochenstunden als ausreichend angesehen.

Reichen die Stunden, die Ihnen zugestanden werden, nicht aus, kann es helfen, zunächst noch einmal mit dem zuständigen

Gut zu wissen

Für den Rechtsanspruch auf einen Kitaplatz reicht die Anmeldung zur Kita nicht aus. Sie müssen ihn gesondert geltend machen. Anspruch haben Sie aber in der Regel nur auf einen 25-Stunden-Platz und auch nicht für eine bestimmte Kita. Kita und Tagesmutter (Kindertagespflege) sind hier gleichgestellt, das heißt, man hat keinen Anspruch auf einen Kitaplatz und muss auch mit der Tagesmutter vorliebnehmen.

Sachbearbeiter beim Jugendamt zu sprechen und die Dringlichkeit darzulegen. Führt das nicht zum Erfolg, sollten Sie schriftlich Widerspruch beim Jugendamt einlegen. Falls dieser abgelehnt wird, können Sie Klage einreichen. Eine solche Klage muss an das örtliche Verwaltungsgericht gerichtet sein. Es besteht keine Anwaltspflicht und muss daher nicht ins Geld gehen. Beim Verwaltungsgericht können Sie auch entstandene Kosten für selbst organisierte Ersatzbetreuung geltend machen. Schadensersatzansprüche wegen Verdienstausfalls hingegen richten sich an das Landesgericht und sind mit Anwaltszwang verbunden, wenn der Streitwert über 5000 Euro liegt. Liegt der Streitwert unter 5000 Euro, ist wiederum das Amtsgericht zuständig, wo kein Anwaltszwang herrscht. Sollten Sie vor Gericht gewinnen, muss der Verlierer des Prozesses Ihre Anwaltskosten tragen – Sie gehen sozusagen nur in Vorleistung.

Momentan erfüllen Kommunen den Rechtsanspruch auf den Betreuungsplatz auch, wenn sie Ihnen einen Platz bei einer Tagespflegeperson anbieten. Das ist für diejenigen, die Mehrbedarf beim Unterhalt für die Kinderbetreuung geltend machen wollen (siehe „Mehrbedarf", S. 57), etwas ärgerlich, denn Tagespflege wird nach neuester Rechtsprechung nicht mehr als Mehrbedarf gewertet, wenn diese „nur" der Berufstätigkeit des alleinerziehenden Elternteils dient. Eventuell werden weitere Gerichtsurteile die Rechtsprechung korrigieren – es sind immer wieder Eltern unzufrieden mit der Rechtslage rund um Zumutbarkeit von Kitaplätzen, Absetzbarkeit von Kinderbetreuung und die Behandlung bei Mehr- und Sonderbedarf, sodass sich die Gerichte auch in naher Zukunft weiterhin mit diesen Themen beschäftigen werden müssen.

Was eindeutig nicht geht und auch in Zukunft nicht gehen wird, ist, einen angebotenen Kitaplatz abzulehnen, weil Ihnen das pädagogische Konzept, die Ausrichtung, die Anlage selbst oder das Personal nicht gefallen. Sie können Ihre Einwände zwar bei Ihrem Sachbearbeiter im Jugendamt vorbringen und um einen anderen Platz bitten. Ha-

---

Vollzeit berufstätige Eltern und Alleinerziehende werden zwar meist bei der Platzvergabe bevorzugt. Aber der Rechtsanspruch auf einen Kitaplatz für ein Kind ab einem Jahr gilt auch für nicht Berufstätige. Sollten Sie leer ausgehen, können Sie genauso Ihren Rechtsanspruch geltend machen und klagen wie alle anderen. Grund für den Anspruch ist das Recht auf frühkindliche Förderung und nicht die Berufstätigkeit der Eltern.

ben Sie gute Argumente, kann es sein, dass er oder sie ein Einsehen hat. Aber dies sind keine Gründe, die vor dem Gesetzgeber gelten. Leidet Ihr Kind hingegen zum Beispiel an einer Katzenhaarallergie und die vorgeschlagene Tagespflegeperson hat Katzen im Haushalt, dann ist dies ein Grund, den angebotenen Platz abzulehnen.

Für den Fall, dass Ihre Kommune Ihnen keinen Betreuungsplatz zur Verfügung stellen kann, haben Sie das Recht, sich selbst nach geeignetem Ersatz umzuschauen. Mehrkosten, die Ihnen dadurch entstehen, können Sie der Stadt in Rechnung stellen. Dabei müssen Sie darauf achten, dass die Notwendigkeit dieser Mehrkosten nachvollziehbar und belegbar ist – Sie können also nicht eine private Luxus-Kita buchen, wenn auch eine günstigere Option verfügbar und zumutbar gewesen wäre. Sind die Betreuungsplätze bei Ihnen vor Ort so rar, dass Sie Ihren Beruf nur ausüben können, indem Sie privat eine Betreuungskraft einstellen, sind auch diese Kosten einklagbar.

→ Bei fehlendem Betreuungsplatz klagen

Achten Sie von Anfang an darauf, Ihre Schritte gut zu dokumentieren – Sie brauchen schriftliche Bescheide, Kopien Ihrer Schreiben ans Jugendamt und Belege für Ihre Einschreiben. Wenn Sie ein Eilverfahren beantragen, entscheidet das zuständige Verwaltungsgericht in der Regel innerhalb von vier Wochen über Ihre Klage. Die Eilbedürftigkeit muss begründet werden: Endet Ihre Elternzeit oder beginnt Ihr neuer Job in wenigen Wochen, ist dies ein ausreichender Grund. Eine Kommune hat nur wenige Möglichkeiten, solch eine Klage abzuweisen – dafür müssten schon eine Baufirma mitten im Kitabau insolvent werden oder Erzieherstellen trotz Stellenausschreibungen unbesetzbar sein.

Zuschüsse zur Kinderbetreuung

Wo Kindergärten und Krippen nicht kostenlos sind oder die Kosten über ein Gutscheinsystem abgegolten werden, kann der monatliche Kitabeitrag zu einer hohen Belastung werden, gerade bei niedrigem Einkommen und ausbleibenden Unterhaltszahlungen. Ganztagesplätze für Kinder unter drei Jahren sind wegen des strengeren Personalschlüssels besonders teuer und können in der Haushaltskasse ein großes Loch hinterlassen. Aber auch Hortplätze und Kitas für Kinder im Vorschulalter inklusive Mittagessen können das eigene Budget sehr strapazieren.

Es gibt jedoch mehrere Möglichkeiten, sich Zuschüsse zu organisieren oder die Kosten für Kinderbetreuung in der Kita oder bei Tageseltern komplett finanziert zu bekommen:

Zuschüsse sichern. Je nach Einkommenslage ist es möglich, Zuschüsse für die Betreuung und das gemeinsame Essen von Kindern erhalten.

- via Jugendamt und wirtschaftliche Jugendhilfe
- als steuerfreier Zuschuss von Ihrem Arbeitgeber
- durch JobCenter/Arbeitsagentur bezuschusst

Nach Paragraf 90 Abs. 2 SGB VIII kann das örtliche Jugendamt Ihre Kinderbetreuungskosten ganz oder teilweise übernehmen, falls die finanzielle Belastung durch Tagespflege- oder Kitagebühren den Eltern nicht zuzumuten ist und der Besuch der Betreuungseinrichtung der Förderung des Kindes dient. Einige Städte erstatten über die Wirtschaftliche Jugendhilfe sogar Kosten für den Schülerhort, Spiel- und Krabbelgruppen, Elterninitiativen und Pädagogische Mittagstische. Auch Ferienangebote werden vielerorts von den Jugendämtern gefördert oder komplett gezahlt, wenn Sie Ihre finanzielle Belastung nachweisen und wegen der Berufstätigkeit auf ein solches Ferienangebot angewiesen sind. Die Förderung geschieht freiwillig, es gibt also keinen Rechtsanspruch auf solch eine Kostenübernahme.

Die Kostenübernahme durch das Jugendamt ist keine Seltenheit: In vielen Kommunen erhält jedes zweite bis dritte Kind entweder den vollen Kitabeitrag oder aber eine anteilige Finanzierung durchs Jugendamt, in dem die Abteilung Wirtschaftliche Jugendhilfe für die Zuschüsse zuständig ist. Ihr zuständiges Jugendamt informiert Sie über Voraussetzungen und Details.

Meist übernimmt das Jugendamt nur die reinen Kita- oder Krippenkosten. Für Essensbeiträge ist nämlich häufig nicht die Stadt, sondern das Landratsamt zuständig. Dort können Sie einen Antrag auf Übernahme der Kosten für gemeinschaftliches Mittagessen durch das Bildungs- und Teilhabepaket (BuT) stellen. Es werden übrigens auch Kosten für Mittagessen in der Ganztagsschule oder im Hort übernommen – der Eigenanteil von derzeit 1 Euro pro Tag und

Essen soll mit dem „Starke-Familien-Gesetz“ ab Mitte 2019 abgeschafft werden. Mehr zum Bildungs- und Teilhabepaket, das noch weitere Vorteile bietet, auf S. 74.

Zuschussmöglichkeiten gibt es aber auch für diejenigen, deren Einkommenssituation relativ gut ist, und zwar durch einen steuer- und sozialversicherungsfreien Arbeitgeberzuschuss nach Paragraf 3 Nr. 33 EstG. Dabei bezahlt der Arbeitgeber anteilig oder vollständig Ihre Kinderbetreuungskosten. Sie könnten beispielsweise anstelle einer Gehaltserhöhung um die Übernahme der Betreuungskosten bitten. Das kann für Sie höchst attraktiv sein, weil Sie vom Mehrwert ohne Abzüge profitieren. Auch der Arbeitgeber hat etwas davon, denn er kann den an Sie bezahlten Kinderbetreuungszuschuss steuerlich absetzen und zahlt auf diesen Betrag ebenfalls weder Steuern noch Sozialabgaben.

Der Arbeitgeberzuschuss zur Kinderbetreuung in einer Kita oder in der Tagespflege bietet sich besonders an, wenn Sie planen, Stunden zu erhöhen – fragen Sie in Ihrer Firma nach, ob diese für Arbeitgeber unkomplizierte und attraktive Fördermöglichkeit in Ihrem Fall denkbar ist.

Übrigens ist der Arbeitgeberzuschuss für Kinderbetreuung auch noch für Grundschulkinder möglich. Dann ist er zwar nicht steuer- und sozialversicherungsfrei, kann aber vom Arbeitgeber als Betriebskosten abgesetzt werden.

Besonders gut haben Sie es getroffen, wenn Ihr Arbeitgeber nicht nur einen Zuschuss zur Kinderbetreuung zahlt, sondern eine eigene Betriebs-Kita anbietet oder für die Mitarbeiterkinder Plätze in öffentlichen Kindergärten reserviert hat. Auch dies fällt unter „Zuschuss des Arbeitgebers zur Betreuung“ und ist für Firma wie Mitarbeiter steuerlich und wegen der nicht anfallenden Sozialabgaben sehr attraktiv.

Auch Arbeitssuchende können Zuschüsse für die Kinderbetreuung beantragen: Die Arbeitsagentur erstattet Kosten bis zu 130 Euro im Monat pro Kind, falls Sie eine Fortbildung machen oder in einer Weiterbildungsmaßnahme sind, für die Sie Kinderbetreuung brauchen. Alleinerziehende auf

Gut zu wissen

Es ist keine gute Idee, Kindersitter „auf die Hand“ zu bezahlen oder ohne Arbeitsvertrag zu beschäftigen. Erstens sind Sie bei Unfällen dann ungeschützt, und außerdem ist das genauso Schwarzarbeit wie unangemeldete Haushaltshilfen oder alle anderen Tätigkeiten, die am Finanzamt vorbei ausgeübt werden. Kinderbetreuung als Minijob hat den Vorteil, steuerlich absetzbar zu sein, und Sie sind bei Unfällen rechtlich abgesichert.

Jobsuche können zudem 200 Euro pro Kind und Monat erhalten, wenn sie eine Stelle antreten und dafür Kinderbetreuung benötigen. Diesen Zuschuss erhalten Sie maximal sechs Monate lang.

▶ **Sämtliche Ansprechpartner vor Ort und die zahlreichen Fördermöglichkeiten für Familien finden Sie auf der Seite familienwegweiser.de des Bundesfamilienministeriums.**

Alternative Möglichkeiten der Kinderbetreuung

Gerade für berufstätige Alleinerziehende gibt es noch weitere Ideen, wie sie die Kinderbetreuung gut regeln können. Sie können zum Beispiel ein Au-Pair beschäftigen, stundenweise Kindersitter als Minijobber einstellen, eine bezahlte Leihoma engagieren oder sogar Nachbarschaftsnetzwerke nutzen. Bei Letzteren wird natürlich von Ihnen ein gewisser Einsatz als Gegenleistung erwartet, aber dafür sind Nachbarschaftsnetzwerke nicht mit Kosten verbunden.

Ein Au-Pair kann eine sehr gute Ergänzung zur Krippe/Kita oder Tagesmutter sein, wenn Sie ungewöhnliche Arbeitszeiten haben oder einen Beruf, der mit Geschäftsreisen verbunden ist. Für ein Taschengeld von derzeit 260 Euro hilft das Au-Pair Ihnen 30 Stunden pro Woche bei der Kinderbetreuung und bei leichter Hausarbeit. Sie stellen im Gegenzug ein Zimmer, Krankenversicherung, Lebensmittel und Sprachkurs zur Verfügung. Je nachdem, wo und wie Sie leben, kommen Sie damit monatlich auf Kosten von etwa 600 bis 800 Euro. Diese können Sie bei der Steuer absetzen.

Leihomas und Leihopas findet man über Vereine oder im Internet und in Tageszeitungen, ebenso wie Minijobber auf Stundenbasis. Einen Minijobvertrag für Haushalt/Kinderbetreuung abzuschließen ist unkompliziert – Infos dazu finden Sie auf minijobzentrale.de. Wenn Sie beispielsweise einen Minijobber-Vertrag über 200 Euro im Monat abschließen, können Sie bei 10 Euro Stundenlohn (das ist natürlich jenseits des geltenden Mindestlohns frei verhandelbar) im Gegenzug 20 Arbeitsstunden erwarten. Wann Sie die Betreuung brauchen, besprechen Sie flexibel mit der jeweiligen Kraft oder legen bestimmte Arbeitstage mit festen Arbeitszeiten fest – ganz wie Sie wollen.

→ Betreuungskosten absetzen

Sie können zwei Drittel Ihrer Auslagen für Kinderbetreuung bei der Steuer absetzen, bis zu einer Summe von insgesamt 4000 Euro (nicht pro Kind!). Voraussetzung dafür ist, dass Sie die Kosten belegen können und das Kind noch keine 14 Jahre alt ist. Mehr dazu siehe „Kinderbetreuungskosten absetzen", S. 92.

Alles rund um den Unterhalt

Der Kindesunterhalt soll helfen, den Bedarf des Kindes zu decken. Unter bestimmten Voraussetzungen erhalten auch Sie als betreuender Elternteil Unterhalt. Was steht dem Kind und Ihnen zu?

Ein Kind kostet fast 130 000 Euro, bis es 18 Jahre alt ist. Die Baby- und Kindergartenzeit ist dabei noch relativ günstig. Da liegen die durchschnittlichen monatlichen Ausgaben laut Statistischem Bundesamt nur bei 519 Euro pro Monat – eine Summe, die für viele Alleinerziehende auch schon schwer aufzubringen ist. Und aus diesem Grund ist es ungemein wichtig, dass Sie sich als Sorgeberechtigte für die finanziellen Rechte Ihres Kinds einsetzen. Es mag unangenehm sein, sich mit dem anderen Elternteil über das Thema Geld auseinanderzusetzen oder gar in einen Gerichtsstreit zu gehen, aber für Ihr Kind sind die monatlichen Unterhaltszahlungen ein wichtiger Bestandteil seiner Existenzsicherung. Falls Sie Skrupel haben, denken Sie daran: Das Geld steht Ihrem Kind zu, und Ihre Aufgabe ist es, für sein Wohlergehen zu sorgen – auch, indem Sie Betreuungs- oder Ehegattenunterhalt für sich selbst einfordern. Das tun Sie nicht, um sich zu bereichern, sondern um für Ihr Kind da zu sein.

Minderjährige Kinder haben gegenüber beiden Elternteilen einen Unterhaltsanspruch, der unabhängig davon ist, ob die Eltern verheiratet sind oder waren. Der Unterhaltsanspruch besteht auch über die Volljährigkeit hinaus, solange das Kind seine erste Berufsausbildung absolviert. Bei minderjährigen Kindern leisten Sie als alleinerziehender Elternteil Ihren Teil des Unterhalts durch Betreuung und Versorgung des Kindes, während der Elternteil, der nicht mit dem Kind zusammenwohnt, den sogenannten Barunterhalt leistet. Wie hoch dieser ist, hängt vom Einkommen des anderen Elternteils und vom Alter des Kindes ab.

Da der Kindesunterhalt dem Kind zusteht, spielt Ihr eigenes Einkommen bei der Berechnung im Normalfall keine Rolle. Falls

Checkliste

Das sollten Sie in Sachen Unterhalt klären

Der Unterhalt ist häufig ein sehr konfliktbehafteter Punkt bei getrennten Eltern. Deswegen ist es wichtig, hier gut informiert zu sein und von vornherein seine Rechte zu kennen. Folgende Punkte sollten Sie klären:

- ☐ Wo steht mein Kind in der Rangfolge der Unterhaltsberechtigten, falls der Ex-Partner mehrere Kinder aus einer vergangenen oder einer neuen Beziehung hat?
- ☐ Steht mir Ehegattenunterhalt oder Betreuungsunterhalt zu?
- ☐ Möchte ich den Unterhalt sicherheitshalber pfändbar titulieren lassen? (Siehe „Unterhaltstitel“, S. 52)
- ☐ Soll der Unterhalt fix sein oder flexibel festgelegt werden, also an die jeweils geltenden Unterhaltssätze angepasst werden?
- ☐ Inwiefern kann ich rückwirkend Unterhalt oder Sonderbedarf geltend machen?
- ☐ Kommen Mehrbedarf oder Sonderbedarf für mein Kind infrage?
- ☐ Können wir uns außergerichtlich einigen?
- ☐ Wer kann mir bei der Berechnung und Durchsetzung helfen? (Siehe „Schritt für Schritt zum Titel“, S. 53)
- ☐ Kommt das vereinfachte Verfahren vor dem Familiengericht zur Feststellung des Kindesunterhalts infrage?
- ☐ Wie hoch ist der Unterhaltsvorschuss vom Staat, den mein Kind erhält, falls der andere Elternteil keinen oder nur unzureichend Unterhalt zahlen kann?

Sie aber wesentlich mehr Geld verdienen als der Barunterhaltspflichtige, müssen auch Sie sich am Barunterhalt beteiligen. Das passiert in der Praxis sowieso sehr häufig, weil Unterhaltszahlungen meist nicht ausreichen, um den tatsächlichen Bedarf eines Kindes zu decken oder weil sie sogar ganz ausbleiben.

Anders verhält es sich beim Unterhalt für den betreuenden Elternteil. Hier unterscheidet man drei Arten von Unterhalt:

1. Betreuungsunterhalt – für Nichtverheiratete,
2. Trennungsunterhalt – für Verheiratete im Trennungsjahr und
3. Nachehelichen Unterhalt – für Geschiedene.

Trennungsunterhalt und nachehelichen Unterhalt fasst man auch unter dem Sammelbegriff Ehegattenunterhalt zusammen.

Bei diesen Unterhaltsarten spielt Ihr eigenes Einkommen sehr wohl eine Rolle. Ob Ihnen Unterhalt zusteht, und wenn ja in welcher Höhe, orientiert sich am Einkommen und der Bedürftigkeit beider Elternteile und hängt stark vom Einzelfall ab.

Unterhalt fürs Kind, Unterhalt für mich

Kindesunterhalt, Betreuungsunterhalt, Ehegattenunterhalt, Mehrbedarf und Sonderbedarf – hier erfahren Sie, was für Sie infrage kommt und wie Sie Ihre Ansprüche durchsetzen.

→ **Einen Unterhaltsanspruch** haben leibliche und adoptierte Kinder. Der Anspruch bleibt auch bestehen, wenn der alleinerziehende Elternteil neu heiratet. Auch das Einkommen des neuen Partners spielt bei seiner Berechnung keine Rolle, aber nur solange er das Kind nicht adoptiert. Bei einer Adoption entfällt der Unterhaltsanspruch gegen den vorherigen Elternteil, weil er in diesem Fall nicht mehr der rechtliche ist.

Anders verhält es sich, wenn der unterhaltspflichtige Elternteil eine neue Partnerschaft eingeht und aus dieser neuen Beziehung Kinder hervorgehen. Diese Nachkommen sind in der Rangfolge der Unterhaltsberechtigten nun den bereits existierenden Kindern gleichgesetzt. Das bedeutet, dass der insgesamt zur Verfügung stehende Unterhalt auf alle Kinder anteilig verteilt werden muss.

Falls der Unterhalt nicht für alle Anspruchsberechtigten ausreicht, was oft der Fall ist, gilt die „Rangfolge im Mangelfall".

- **Im ersten Rang** sind stets die minderjährigen und die „privilegierten" volljährigen Kinder (unter 21 Jahre alt, in allgemeiner Schulausbildung, noch beim alleinerziehenden Elternteil lebend).
- **Im zweiten Rang** folgen die Elternteile, die Kinder betreuen (also zum Beispiel Ex-Frau und derzeitige Partnerin, wenn wir von einem Vater ausgehen, der nun Kinder aus zwei Beziehungen hat), sowie Ehegatten und geschiedene Ehegatten aus langjähriger Ehe. (Wie „langjährig" definiert wird, ist eine Einzelfallentscheidung.)
- **Im dritten Rang** befinden sich eventuell vorhandene andere Ehegatten und andere geschiedene Ehegatten.
- **Im vierten Rang** stehen volljährige Kinder, die nicht im ersten Rang sind. (Weil sie zum Beispiel wegen des Studiums in eine andere Stadt gezogen sind.)
- **Im fünften Rang** stehen Enkelkinder.
- **Im sechsten Rang** sind die eigenen Eltern des Unterhaltsverpflichteten angesiedelt.
- **Im siebten Rang** befinden sich dann weitere Verwandte der aufsteigenden Linie, zum Beispiel Großeltern des Unterhaltsverpflichteten.

Ein Unterhaltstitel hilft

Im Gesetz steht: „Der Unterhalt ist regelmäßig und pünktlich zu jedem Monatsanfang zu zahlen." Es hilft natürlich sehr, wenn Sie sich mit dem anderen Elternteil darüber einig sind, dass das wichtig für Ihr gemeinsames Kind ist.

Was sehr unfreundlich klingt, hat sich in der Praxis bewährt, da ein Unterhaltstitel eine nachdrückliche Warnfunktion hat.

Dennoch empfiehlt es sich auch in diesem Fall sehr, den Unterhalt titulieren zu lassen, um sicherzustellen, dass die Zahlungen pünktlich eingehen. Damit haben Sie einen pfändbaren Titel in der Hand, mit dem es möglich ist, einen Gerichtsvollzieher zu beauftragen und Konten oder Teile des Gehalts pfänden zu lassen, falls Unterhaltszahlungen ausbleiben. Was sehr unfreundlich klingt, hat sich in der Praxis bewährt, da ein Unterhaltstitel eine nachdrückliche Warnfunktion hat und somit auch präventiv wirkt.

Der Titel kann fix oder dynamisch aufgesetzt werden – wobei sich dynamisch empfiehlt, sofern es nicht um rückwirkende Zahlungsansprüche geht.

Checkliste

Schritt für Schritt zum Titel

Am besten gehen Sie Schritt für Schritt vor, um einen Unterhaltstititel zu bekommen. Den Weg zum Anwalt sollten Sie erst in Betracht ziehen, wenn alle anderen Möglichkeiten nicht zum Ziel geführt haben.

- ☐ Wenden Sie sich ans Jugendamt und lassen Sie dort eine sogenannte Jugendamtsurkunde erstellen. Der Unterhaltspflichtige muss die Urkunde unterschreiben. Es klappt also nur, wenn er freiwillig mitwirkt. Falls der andere Elternteil sich dagegen sträubt, versuchen Sie, ihn davon zu überzeugen, dass der Titel eine gute Sache für Ihr gemeinsames Kind ist.
- ☐ Verweigert er die Unterschrift, sollten Sie versuchen, über eine Beistandschaft beim Jugendamt, den Titel zu erwirken. Das ist ebenfalls kostenlos. Der Beistand wird meist versuchen, das außergerichtlich zu regeln, bevor er vor Gericht geht. Sind Sie mit der Beistandschaft unzufrieden, können Sie sie jederzeit wieder beenden.
- ☐ Hat es über die Beistandschaft nicht funktioniert, ist das „vereinfachte Unterhaltsverfahren" nach Paragraf 249 FamFG eine kostengünstige und einfache Möglichkeit. Den Antrag stellen Sie beim örtlichen Amtsgericht am Wohnort des Kindes. Antragsformulare sind dort und beim Jugendamt erhältlich, wo man Sie auch berät. Es entstehen Ihnen dabei nur geringe Gerichtskosten in Höhe von 50 bis 100 Euro. Für Ansprüche, die mehr als 120 Prozent des Mindestunterhalts betragen, ist das vereinfachte Verfahren allerdings nicht geeignet.
- ☐ Kommen Sie auch über das vereinfachte Verfahren nicht ans Ziel, bleibt Ihnen nur noch der Gang zum Anwalt, der dann vor Gericht versucht, Ihre Ansprüche durchzusetzen. Sie können hierfür Verfahrenskostenhilfe beantragen, wenn Ihr Einkommen unter einer bestimmten Grenze liegt.

Kindesunterhalt

Als sorgeberechtigter Elternteil sind Sie Vertreter Ihres Kindes vor Behörden und auch vor Gericht und folglich diejenige, die den Unterhalt einfordern muss. Sie können das auf privatem Wege tun, falls Sie sich gütlich einigen, oder die Beistandschaft des Jugendamtes einrichten, um für Sie die Ansprüche des Kindes beim Unterhaltspflichtigen geltend zu machen. Erfahrungsgemäß ist der Weg über die Beistandschaft jedoch im Streitfall weniger erfolgreich als die Beauftragung eines guten Anwalts. Einen Versuch kann es trotzdem wert sein, denn die Beistandschaft arbeitet kostenlos für Sie, wohingegen ein Anwalt richtig teuer werden kann.

Falls Ihr Einkommen unter einer bestimmten Grenze liegt, steht Ihnen Verfahrenskostenhilfe für die Gerichtskosten und für das Erstreiten des Kindesunterhalts durch einen Anwalt vor Gericht zu. Diese müssen Sie je nach Ihren Einkommensverhältnissen entweder in Raten oder auch gar nicht zurückzahlen.

→ Freiwillig geht vor

Achten Sie darauf, dem anderen Elternteil zuerst die Gelegenheit zu geben, freiwillig die Unterschrift unter einen Unterhaltstitel zu setzen. Falls Sie das versäumen, bleiben Sie eventuell auf den Kosten für den Titel sitzen, wenn Sie den Weg über das vereinfachte Unterhaltsverfahren oder über einen Anwalt und das Gericht wählen.

Als Richtschnur für die Höhe des Kindesunterhalts wird die Düsseldorfer Tabelle herangezogen. Sie ist zwar nicht bindend, aber an ihr orientieren sich Familiengerichte und Jugendämter. Maßgeblich für die Frage, wie viel Unterhalt ein Kind erhält, sind das bereinigte Nettoeinkommen des Unterhaltspflichtigen und das Alter des Kindes: Jüngere Kinder erhalten weniger Unterhalt, ältere mehr. Mehr zur Düsseldorfer Tabelle finden Sie auf S. 60.

Dem unterhaltspflichtigen Elternteil steht ein Selbstbehalt zu, also eine Summe,

Das bereinigte Nettoeinkommen ist das Einkommen, das übrig bleibt nach Abzug von Steuern, Sozialabgaben, Krankenversicherung, berufsbedingten Aufwendungen (dazu zählen auch Fahrtkosten), Steuernachzahlungen und „berücksichtigungswürdigen" Schulden, Mehrbedarf aufgrund von Krankheit und Altersvorsorge. Ist der Mindestunterhalt nicht gesichert, gelten allerdings strengere Abzugsmöglichkeiten.

die ihm selbst zur Existenzsicherung zur Verfügung steht. Momentan sind das bei minderjährigen Kindern für erwerbstätige Unterhaltspflichtige 1080 Euro, bei Nicht-Erwerbstätigen 880 Euro. Bei Kindern über 18 Jahren liegt der Selbstbehalt des Unterhaltspflichtigen bei 1300 Euro, falls sie zu den nicht-privilegierten zählen, also im 4. Rang stehen.

Das bedeutet, dass der Unterhaltspflichtige möglicherweise weniger Unterhalt zahlen muss, als dies laut Düsseldorfer Tabelle der Fall wäre, wenn sein eigenes Nettoeinkommen nicht ausreicht, um seine Barunterhaltspflichten zu erfüllen. Theoretisch könnte man von einem Unterhaltspflichtigen zwar verlangen, dass er einen Nebenjob annimmt oder von Teilzeit auf Vollzeit aufstockt. Aber in der Praxis ist das kaum durchsetzbar, weil es relativ einfach ist, gerichtsfeste Gründe zu finden, warum das nicht möglich ist. Anderseits gibt es etliche „fiktive" Titel, also Titel, in denen ein „fiktives" und damit höheres Einkommen zugrunde gelegt wird, wenn ein Gericht der Meinung ist, das Einkommen, das der Unterhaltspflichtige angibt, entspreche nicht dem tatsächlichen (zum Beispiel, weil er/sie schwarz arbeitet).

Ändern sich die Einkommensverhältnisse des anderen Elternteils, haben Sie das Recht, den Unterhalt anpassen zu lassen. Allerdings ist dieses Recht nicht einseitig, es besteht genauso für den Unterhaltspflichtigen. Alle zwei Jahre können Sie Auskunft zum Einkommen verlangen (Auskunftssperre nach Paragraf 1605 II BGB). Ergibt sich aus der Auskunft eine Veränderung, können Sie den Titel abändern lassen.

Bei Selbstständigen ist es manchmal ausgesprochen schwierig, aussagefähige Zahlen zu bekommen. Hier berechnet sich der Unterhalt aus dem Nettoeinkommen der vergangenen ein bis drei Jahre, je nachdem, was das Familiengericht heranziehen möchte. Auch hier können Sie alle zwei Jahre neu Auskunft verlangen.

Zahlt ein Unterhaltspflichtiger nicht freiwillig, kann ein Teil seines Gehaltes gepfändet werden.

Eine Abänderung können Sie aber auch vor Ablauf des Zweijahreszeitraums verlangen, wenn sich die Einkommensverhältnisse des Unterhaltsschuldners offensichtlich geändert haben, etwa durch einen Karrieresprung. Es gibt also nur eine Auskunftssperre, keine Abänderungssperre.

Zahlt ein Unterhaltspflichtiger nicht freiwillig, kann ein Teil seines Gehaltes gepfändet werden, und zwar bis hin zu dem Betrag, der ihm beim Bezug von Sozialhilfe zustünde. Der Unterhalt wird in diesem Fall direkt durch den Arbeitgeber vom Lohn abgezogen – Grundlage dafür ist ein Gerichtsbeschluss.

Zeit fürs Kind. In den ersten drei Lebensjahren sorgt der Betreuungsunterhalt dafür, dass Sie sich dem Kind widmen können.

Falls alle Versuche, den anderen Elternteil zur Zahlung von Unterhalt zu bewegen, scheitern, bleibt als letztes Mittel eine Strafanzeige wegen Unterhaltspflichtverletzung bei der Polizei oder Staatsanwaltschaft. Theoretisch drohen hier Freiheitsstrafen bis zu drei Jahren oder Geldstrafen. In der Praxis erfolgen aber Verurteilungen wegen dieses Delikts nur sehr selten, und wenn, dann auf Bewährung.

Betreuungsunterhalt

Zusätzlich zum Kindesunterhalt kann ein alleinerziehender Elternteil Betreuungsunterhalt zugesprochen bekommen. Voraussetzung ist, dass Bedürftigkeit besteht und das betreute Kind unter drei Jahre alt ist. Nach dem dritten Geburtstag des Kindes wird vom alleinerziehenden Elternteil erwartet, dass er wieder eine Berufstätigkeit ausübt, je nach Einzelfallbewertung auch in Vollzeit. Nur wenn sehr triftige Gründe vorliegen, die eine Berufstätigkeit verhindern, kann der Betreuungsunterhalt über den dritten Geburtstag des Kindes hinaus gezahlt werden. Gründe können zum Beispiel eine chronische Erkrankung eines Kindes oder seelische Probleme durch die Trennung sein.

Anders als beim Ehegattenunterhalt müssen Sie für Betreuungsunterhalt nicht verheiratet gewesen sein.

Der Betreuungsunterhalt soll Verdienstausfälle kompensieren und richtet sich nach dem Gehalt, das dem alleinerziehenden Elternteil durch die Kindererziehung entgeht. Dabei wird Elterngeld ab einer Summe von 300 Euro als Einkommen betrachtet. Sollten Sie bedürftig sein, können Sie zur Durchsetzung Ihrer Ansprüche Verfahrenskostenhilfe beantragen.

Anders als beim Ehegattenunterhalt müssen Sie für Betreuungsunterhalt nicht verheiratet gewesen sein. Zum Thema Betreuungsunterhalt berät Sie das örtliche Jugendamt.

Trennungsunterhalt

Trennungsunterhalt steht nur verheirateten Alleinerziehenden zu und kann während des Trennungsjahres und danach bis zur Rechtskraft der Scheidung – was in der Regel mindestens ein weiteres Jahr ausmacht – gezahlt werden. Voraussetzung ist, dass das Einkommen des alleinerziehenden Elternteils nicht ausreicht, um den gewohnten ehelichen Lebensstandard zu wahren. Solange beide Partner noch verheiratet sind, gehört auch beiden im Trennungsjahr die Hälfte des gemeinsamen bereinigten Nettoeinkommens. Je nach Bundesland wird allerdings unterschiedlich gerechnet: Entweder nach der sogenannten Drei-Siebtel-Methode, oder es wird hälftig geteilt. Die Berechnung des Trennungsunterhalts ist komplex und sollte von Fachleuten vorgenommen werden.

Nachehelicher Unterhalt

Alleinerziehende, die geschieden sind, haben genau wie nicht Verheiratete Anspruch auf Betreuungsunterhalt. Das heißt, sie können Unterhalt bekommen, bis das Kind drei Jahre alt ist. Die Berechnung wird ebenso wie beim Trennungsunterhalt je nach Bundesland hälftig oder nach der Drei-Siebtel-Methode vorgenommen.

Soll der nacheheliche Unterhalt über den dritten Geburtstag des Kindes hinaus weiterfließen, muss es schwerwiegende Gründe geben: Der Unterhalt wird nur weiter gewährt, wenn der alleinerziehende Elternteil nicht erwerbstätig sein kann, weil es keine ausreichenden Kinderbetreuungsmöglichkeiten gibt oder weil das Kind chronisch krank ist. Auch elternbezogene Gründe, wie eine dauerhafte Erkrankung, Arbeitslosigkeit des alleinerziehenden Elternteils oder eine langjährige Ehe, können den Bezug von nachehelichem Unterhalt nach dem dritten Geburtstag des Kindes begründen.

Als Selbstbehalt hat der Gesetzgeber 1200 Euro festgelegt – das ist die Summe, die dem Unterhaltspflichtigen bleiben muss, um sein eigenes Leben zu finanzieren. Elterngeld über 300 Euro wird, ebenso wie beim Trennungsunterhalt, als Einkommen betrachtet.

Auch beim Ehegattenunterhalt gilt: die Berechnung ist kompliziert und in hohem Maße vom Einzelfall abhängig. Deswegen sollten Sie sich von einem kompetenten Anwalt beraten lassen, falls Sie nachehelichen Unterhalt in Anspruch nehmen wollen.

Sonderbedarf und Mehrbedarf

Für einige Ausgaben, die Sie für Ihr Kind regelmäßig oder einmalig haben, können Sie Sonder- oder Mehrbedarf beim Unterhalt

Konfirmations- oder Kommunionskosten sind vorhersehbar und daher kein Sonder- oder Mehrbedarf. Das Gleiche gilt für neue Möbel, Nachhilfestunden und normale Klassenreisen.

geltend machen. Als Sonderbedarf werden unvorhersehbare Ausgaben bezeichnet, während fortlaufende Mehrausgaben für das Kind Mehrbedarf genannt werden.

Beispiele für Sonderbedarf sind:

- Zahnspange
- Kosten für Brille (bei gesetzlich versicherten Kindern zahlt dies die Kasse)
- Auslandsaufenthalt des Kindes
- Möglicherweise auch Klassenfahrten, je nach Vorhersehbarkeit der Ausgabe

Der Gesetzgeber verlangt, dass beide Elternteile den Sonderbedarf anteilig zu ihrer jeweiligen Einkommenssituation tragen. In der Praxis wird Sonderbedarf aber selten gezahlt oder gar gerichtlich geltend gemacht.

Mehrbedarf ist ein ständig vorhandener Bedarf, der dem Kindesunterhalt zugerechnet wird und der durch den laufenden Unterhalt nicht gedeckt werden kann.

Als Mehrbedarf gelten beispielsweise Kita-, Krippen- und Hortkosten sowie Kosten in vergleichbaren privaten Einrichtungen, solange das Kind in der Einrichtung eine pädagogische Förderung erfährt. Achtung: Tagesmütter können hier problematisch, also eventuell nicht anrechenbar sein. Siehe „Tagesmutter ist kein Mehrbedarf“ rechts.

Weiterhin zählen außergewöhnliche Krankenversicherungskosten oder auch kulturelle oder sportliche Zusatzkosten zum Mehrbedarf, wenn diese Aktivitäten auf einer gemeinsamen Elternentscheidung ba-

Gut zu wissen

Tagesmutter ist kein Mehrbedarf. Seit einem Urteil des Bundesgerichtshofs vom 4. Oktober 2017 wird eine Tagesmutter, die der betreuende Elternteil zur Ausübung seiner Berufstätigkeit benötigt, nicht mehr als Mehrbedarf gewertet (Az. XII ZB 55/17). Falls Sie für eine Tagesbetreuung Mehrbedarf geltend machen wollten, sollten Sie also einer Kita/Krippe den Vorzug geben. Die muss der andere Sorgeberechtigte nämlich anteilig mitfinanzieren. Entscheidend für die Anerkennung als Mehrbedarf ist nach Bundesgerichtshof allein, ob die Betreuung pädagogisch veranlasst oder berufsbedingt erforderlich ist.

sieren. Ebenso wie beim Sonderbedarf müssen beide Elternteile den Mehrbedarf anteilig tragen.

Beispiele für Mehrbedarf sind:

- Kita-/Krippengebühren
- Hortkosten
- Internatskosten bei sachlicher Begründung und sorgfältiger Einzelfallprüfung
- Krankenversicherung, falls das Kind nicht familienversichert ist
- Krankheitskosten für Therapien des Kindes
- Klavier- und Reitunterricht (oder Kosten für einen anderen Sport, ein anderes Musikinstrument), wenn er von beiden Eltern gemeinsam entschieden oder jedenfalls gebilligt wurde

Auch hier gilt: Es empfiehlt sich, die Übernahme der Kosten für Sonder- und Mehrbedarf einvernehmlich mit dem anderen Elternteil zu regeln. Gelingt dies nicht, sollten Sie versuchen, den Sonderbedarf ohne Anwalt, aber über eine Beistandschaft vom Jugendamt durchzusetzen, am besten gleich zu dem Zeitpunkt, zu dem Sie den Unterhalt regeln. Denn sobald Anwälte und Gerichte involviert sind, übersteigen die Kosten rasch den finanziellen Nutzen. Wenn derjenige, der den Sonderbedarf eigentlich zahlen müsste (zum Beispiel anteilig für eine Klassenfahrt, die 400 Euro kostet), diese Kosten-Nutzen-Rechnung kennt, hat er relativ wenig Grund, sich zu beteiligen. Es sei denn, er/sie möchte freiwillig zahlen.

Bei anderen, über Jahre zu leistenden Mehrausgaben kann es sich aber durchaus lohnen, sie sich per Anwalt und notfalls per Gericht zusprechen zu lassen.

→ Fristen einhalten

Denken Sie daran, eventuellen Mehrbedarf sofort beim Unterhaltspflichtigen geltend zu machen. Der Mehrbedarf kann nämlich nur für die Zukunft beansprucht werden. Sonderbedarf hingegen können Sie bis zu ein Jahr lang rückwirkend einfordern.

Die Düsseldorfer Tabelle

Als Richtwert für den Barunterhalt wird die Düsseldorfer Tabelle herangezogen – ihre Werte sind aber weder in Stein gemeißelt, noch ist der Unterhalt einfach so aus der Tabelle ablesbar.

Die Düsseldorfer Tabelle kommt zwar praktisch und übersichtlich daher, aber in der Praxis ist es nicht damit getan, einen Blick hineinzuwerfen, um den Unterhalt zu ermitteln, der dem Kind zusteht. Denn neben den einleuchtenden Kategorien wie Alter des Kindes und dem fixen Selbstbehalt des Unterhaltspflichtigen gibt es auch noch den proportional zum Einkommen steigenden Bedarfskontrollbetrag. Der tatsächliche Zahlbetrag richtet sich nach dem bereinigten Nettoeinkommen (siehe Kasten, S. 54) und dem jeweils aktuellen Kindergeld.

→ Beispiel: So berechnet sich der Unterhalt

Uta hat zwei Kinder mit Paul. Sie sind zwei und sechs Jahre alt, und Paul verdient 2 500 Euro netto. Sein bereinigtes Nettoeinkommen liegt bei 2 000 Euro. Laut Düsseldorfer Tabelle gilt für das zweijährige Kind der Satz von 372 Euro für das sechsjährige Kind der Satz von 427 Euro, also zusammen 799 Euro. Davon wird nun das hälftige Kindergeld abgezogen: Der Kindergeldsatz liegt bei 204 Euro für das erste und zweite Kind, somit sind von den 799 wiederum 204 Euro abzuziehen. Der Barunterhalt beträgt also monatlich 595 Euro für beide Kinder. Damit sind der Selbstbehalt von 1 080 Euro und der Bedarfskontrollbetrag von 1 300 Euro gewahrt.

Wer es sich einfacher machen möchte, schaut in die Tabelle mit den Zahlbeträgen. Hier ist das anteilige Kindergeld schon herausgerechnet. Sie finden diese Tabelle im Hilfeteil auf S. 154.

Grundlage ist der Kinderfreibetrag

Grundlage für die von einem Richtergremium festgelegte Düsseldorfer Tabelle sind die jeweils gültigen steuerlichen Kinderfreibeträge. Die Tabelle hat allerdings keine Gesetzeskraft, und Familienrichter können in ihren Beschlüssen zum Unterhalt von ihr abweichen. Zusätzlich gibt es Unterhaltsleitlinien der Oberlandesgerichte für die einzelnen Bundesländer, die zwar vom Aufbau her gleich sind, sich aber inhaltlich in einzelnen Punkten unterscheiden. Deswegen ist es grundsätzlich ratsam, sich bei der Berechnung des Unterhalts von Fachleuten beraten zu lassen, zum Beispiel kostenlos durch das Jugendamt oder gleich beim Anwalt, falls Sie die Kosten nicht scheuen.

Die Düsseldorfer Tabelle gilt für zwei Unterhaltsberechtigte pro Zahlungsverpflichtetem, zum Beispiel zwei Kinder oder ein Kind, eine Ex-Frau. Kommt ein dritter dazu, gibt es also etwa zwei Kinder und eine Ex-Frau, geht man für alle Unterhaltsberechtigten eine Zeile nach oben, also zum Beispiel von Zeile 4 in Zeile 3. Das bedeutet, die einzelnen Unterhaltsberechtigten bekommen weniger Geld. Genauso geht es eine Zeile nach unten, wenn ein Unterhaltsberechtigter wieder wegfällt. Gleiches gilt, falls Sie unterhaltsberechtigt sind und zwei Kinder mit dem Unterhaltspflichtigen haben, oder der Ex-Partner weitere Kinder aus früheren oder neuen Beziehungen hat, oder andere denkbare Konstellationen zutreffen.

In Stufe 1 der Düsseldorfer Tabelle, die den sogenannten Mindestunterhalt enthält, ist eine Reduzierung des Unterhalts jedoch nicht vorgesehen. Dies ist auch die einzige Stufe der Düsseldorfer Tabelle, in der mit 1080 Euro der Selbstbehalt gleich hoch wie der Bedarfskontrollbetrag ist. Nicht erwerbstätige Elternteile, die zur Zahlung von Unterhalt verpflichtet sind, haben einen Selbstbehalt von nur 880 Euro. Im Gegensatz zum Bedarfskontrollbetrag ist der Selbstbehalt fix.

Gut zu wissen

Aufstocken. Beträgt der Unterhalt weniger, als Ihr Kind durch den Unterhaltsvorschuss erhalten würde, können Sie für die Differenz „aufstocken". Falls also der Unterhaltspflichtige nur 112 Euro Unterhalt zahlen kann, erhalten Sie auf Antrag die Differenz von 100 Euro zum derzeit gültigen Unterhaltsvorschuss in Höhe von 212 Euro für ein elfjähriges Kind vom Jugendamt in Form des Unterhaltsvorschusses.

Der Bedarfskontrollbetrag ist etwas anderes als der Selbstbehalt: Er soll eine ausgewogene Verteilung des Einkommens auf die unterhaltsberechtigten Kinder und den Unterhaltspflichtigen gewährleisten. Das passiert durch eine Herabstufung des Berechtigten in der Tabelle. Bleibt dem Unterhaltspflichtigen nach Abzug des Unterhalts weniger als der Bedarfskontrollbedarf, erhalten die Kinder weniger Unterhalt.

Reicht es nicht, wird aufgeteilt

Falls der Unterhaltspflichtige nicht genügend Geld zur Verfügung hat, um die Unterhaltsansprüche aller Unterhaltsberechtigter zu erfüllen, nachdem sein Selbstbehalt berücksichtigt wurde, wird der zur Verfügung stehende Betrag auf alle Unterhaltsberechtigten aufgeteilt. Kinder im ersten Rang gehen dabei immer vor, nachrangige Unterhaltsberechtigte müssen sich das Restgeld teilen beziehungsweise gehen unter Umständen leer aus.

Unterhaltsvorschuss

Zahlt der andere Elternteil keinen oder zu wenig Unterhalt, oder dauert die Durchsetzung länger als erhofft, können Sie Unterhaltsvorschuss erhalten, bis Ihr Kind 18 Jahre alt ist.

→ **Eine sehr hohe Zahl** an Kindern in Deutschland erhält keinen (50 Prozent) oder nur zu geringen beziehungsweise unregelmäßig Unterhalt (weitere 25 Prozent) vom unterhaltspflichtigen Elternteil. Deswegen wurde zum 1. Juli 2017 der Anspruch auf Unterhaltsvorschuss erweitert. Nun gilt, dass er für Kinder bis zum zwölften Geburtstag uneingeschränkt bezogen werden kann.

Aber auch Kinder, die älter als zwölf Jahre sind, können Unterhaltsvorschuss erhalten, sofern der alleinerziehende Elternteil über ein eigenes Einkommen in Höhe von mindestens 600 Euro brutto im Monat verfügt.

Wer Unterhaltsvorschuss erhält, muss den fehlenden Unterhalt nicht vom anderen Elternteil zurückfordern. Das übernimmt dann das örtliche Jugendamt. Dort erhalten Sie auch Antragsformulare für den Unterhaltsvorschuss und Beratung.

Möglicherweise rät Ihnen das Jugendamt im Zuge der Beratung, eine Beistandschaft einzurichten, mit deren Hilfe Sie versuchen können, den Unterhaltspflichtigen dazu zu bewegen, den Unterhalt zu bezahlen, bevor Sie Unterhaltsvorschuss beantragen. Das kann sehr in Ihrem Interesse sein, denn die Zahlbeträge für den Unterhalt sind deutlich höher als die des Unterhaltsvorschusses.

Derzeit beträgt der Unterhaltsvorschuss monatlich für Kinder:

- von 0 bis 5 Jahren 160 Euro
- von 6 bis 11 Jahren 212 Euro
- von 12 bis 17 Jahren 282 Euro

Mit 12 Jahren ist nicht mehr Schluss. Seit Juli 2017 können auch Kinder über 12 Jahren Unterhaltsvorschuss erhalten.

Sollte der andere Elternteil zwar Unterhaltszahlungen leisten, aber nur weniger als den Mindestunterhalt zahlen können, haben Sie die Möglichkeit, sich durch den Unterhaltsvorschuss bis zur Höhe des für die Altersklasse gültigen Satzes einen Zuschuss zu holen. Wenn der Unterhaltspflichtige beispielsweise nur 100 Euro monatlich für ein vierjähriges Kind überweist, können Sie die restlichen 60 Euro in Form des Zuschusses vom Staat erhalten.

Ihr eigenes Einkommen spielt für den Anspruch auf Unterhaltsvorschuss normalerweise keine Rolle. Das Recht auf Unterhaltsvorschuss entfällt nur, wenn Sie so viel Geld verdienen, dass der Bezug dieser Sozialleistung unbillig wäre. Dazu muss der Einkommensunterschied aber sehr hoch sein, und außerdem muss der andere Elternteil alle ihm zumutbaren Erwerbsmöglichkeiten ausgeschöpft haben.

→ Vorschuss wird angerechnet

Der Unterhaltsvorschuss wird monatlich im Voraus ausgezahlt. Er wird bei anderen Sozialleistungen als Einkommen betrachtet, also beim Bezug von Hartz IV, Wohngeld, Kinderzuschlag und Sozialhilfe voll angerechnet.

Staatliche Hilfen nutzen

Die finanziellen Unterstützungsangebote von öffentlicher Seite sind zahlreich – aber leider auch unübersichtlich. Je besser Sie informiert sind, desto mehr Geld ist drin.

Die Zeit mit dem Kind genießen, sich in Ruhe auf das Familienleben einstellen, an den neuen Lebensabschnitt gewöhnen und während der Kita-Eingewöhnung ganz gelassen stundenlang im Flur der Betreuungseinrichtung sitzen, das wünschen sich eigentlich alle Eltern.

Für Alleinerziehende ist es eine Herausforderung, all dies mitsamt Haushalt und einem Konto, das nicht ins Minus rutschen soll, hinzubekommen. Zum Glück lässt der Staat sie nicht ganz allein. Aber es ist alles andere als einfach, im Dickicht der Familienleistungen den Überblick zu behalten. Experten wie die Bertelsmann-Stiftung empfehlen, die Familienleistungen in ihrer jetzigen Form abzuschaffen und sie stattdessen an einer Stelle zu bündeln – in Kombination mit niederschwelliger Beratung. Ob das passieren wird, steht aber in den Sternen.

Falls Ihnen die Beschäftigung mit all den Fördermöglichkeiten und sozialen Hilfen mühselig erscheint und Sie ungern Formulare ausfüllen, machen Sie sich klar, dass dieses Geld Ihnen und Ihrem Kind Sicherheit gibt und Sie einen ausgezeichneten Stundenlohn für die ungeliebte Formular-Ausfüllerei bekommen. Sollten Sie überhaupt nicht klarkommen, gibt es auch Institutionen, die beim Ausfüllen helfen, wie die Caritas und andere Sozialverbände, teils auch ehrenamtliche Helfer.

Zeit fürs Kind dank Elterngeld & Co.

Alleinerziehende leisten besonders viel – deswegen können sie beim Elterngeld den Partnerschaftsbonus alleine in Anspruch nehmen.

Vor 2007 gab es noch kein Elterngeld. Davor hielt der Staat nur ein „Erziehungsgeld" bereit, das wesentlich geringer ausfiel. Damals wie heute war die Wochenarbeitszeit auf 30 Stunden begrenzt. Bis 2011 wurden weder Erziehungsgeld noch Elterngeld auf Sozialleistungen wie Hartz IV angerechnet. Inzwischen hat sich ziemlich viel getan, und der Staat versucht, finanzielle Anreize zu setzen, um Frauen möglichst rasch nach der Geburt wieder ins Berufsleben zu bringen und Väter dazu zu motivieren, Elternzeit zu nehmen.

Für Alleinerziehende stellt sich die Frage, ob der Vater Elternzeit nimmt, nicht – vielleicht gucken sie auch ein wenig neidisch auf Paare, die sogar gemeinsam in Elternzeit gehen können und sich so gegenseitig entlasten in der ersten Zeit mit dem Baby. Aber immerhin behandelt der Staat Alleinerziehende beim Elterngeld – vollkommen angemessen – als Mama und Papa zugleich, indem er ihnen die zwei Partnermonate, die Paare sich sichern können, auch zugesteht. Weitere Kompensationsmaßnahmen sind momentan nicht angedacht. Voraussetzung für den Bezug von Elterngeld ist, dass Sie vor der Geburt Erwerbseinkommen erzielt haben.

Mutterschaftsgeld

Bis zur Geburt und in den acht Wochen danach ändert sich finanziell erst einmal gar nichts, wenn Sie in einer gesetzlichen Krankenkasse versichert sind – Ihr Lohn wird unverändert fortgezahlt. Sie erhalten in dieser Zeit Mutterschaftsgeld, eine Lohnersatzleistung, die Krankenkasse und Arbeitgeber gemeinsam aufbringen.

Mutterschaftsgeld sollten Sie schon vor Beginn der Mutterschutzfrist beantragen, Elterngeld direkt nach der Geburt des Kindes. Weil Mutterschaftsgeld und Elterngeld miteinander verrechnet werden, müssen Sie Elterngeld auch dann beantragen, wenn Sie acht Wochen nach der Geburt, wenn der Mutterschutz endet, gleich wieder arbeiten möchten.

Selbstständige haben keinen Anspruch auf Mutterschutz, und Mutterschaftsgeld steht ihnen auch nicht zu – außer, wenn dies in ihrer Versicherung so geregelt ist.

Elterngeld und ElterngeldPlus

Mit dem Elterngeld möchte der Staat den Lohnausfall, der Eltern durch Erziehung und Betreuung von Kindern entsteht, mildern. Es ist eine gedeckelte Lohnersatzleistung, die Sie relativ flexibel einsetzen können.

Die Höhe des Elterngelds richtet sich nach Ihrem bereinigten Nettoeinkommen der letzten zwölf Monate vor der Geburt des Kindes und ist auf maximal 1800 Euro im Monat begrenzt. Bereinigt bedeutet, ohne Nacht- oder Feiertagszuschläge oder sonstige Extras. Hatten Sie vor der Geburt kein Einkommen, erhalten Sie den Mindestbetrag in Höhe von 300 Euro. Je niedriger Ihr monatliches Nettogehalt ist, desto höher ist dabei die Ersatzrate:

- Bei Einkommen unter 1000 Euro steigt sie schrittweise bis auf 100 Prozent.
- Zwischen 1000 und 1200 Euro sind es 67 Prozent.
- Zwischen 1200 und 1240 Euro sinkt sie von 67 auf 65 Prozent des Nettolohns
- Ab 1240 Euro sind es 65 Prozent.

Neben dem klassischen Elterngeld (das nun Basiselterngeld genannt wird) können Sie auch das ElterngeldPlus wählen, bei dem Sie maximal die Hälfte der Ihnen monatlich zustehenden Summe erhalten, dies aber für die doppelte Zeit. Ein Elterngeldmonat lässt sich also in zwei ElterngeldPlus-Monate umwandeln. Sie haben dabei die Wahl, wie Sie diese Monate miteinander kombinieren – wichtig ist nur, dass Sie dies schriftlich und rechtzeitig bei der Elterngeldstelle anmelden. Dafür können Sie sich bis zu drei Monate nach der Geburt Zeit lassen, danach kann das Elterngeld nicht mehr rückwirkend ausgezahlt werden.

Und keine Sorge, Ihre einmal festgelegte Wahl ist nicht in Stein gemeißelt: Sie können den Antrag auf Elterngeld jederzeit für zukünftige Lebensmonate abändern. Das ist besonders praktisch, um auf wechselnde Bedürfnisse bei der Arbeit und auch die Rahmenbedingungen bei der Kinderbetreuung flexibel reagieren zu können, denn das ElterngeldPlus ist dazu gedacht, eine Teilzeitberufstätigkeit mit einer Stundenzahl von bis zu 30 Wochenstunden auszuüben. Und wie das mit dem Arbeitgeber und auch dem jeweiligen Kind im Detail funktioniert, lässt sich bei der Antragstellung natürlich nicht vorhersagen.

Gut zu wissen

Hilfreiche Infos zum Thema Elterngeld finden Sie auf elterngeld-plus.de, familienwegweiser.de und bmfsj.de. Dort sind auch Elterngeldrechner vorhanden oder verlinkt. Die Elterngeldstellen der Bundesländer beraten beim Ausfüllen und sind per Mail, Hotline und persönlich zu erreichen: https://www.elterngeld.net/elterngeldstellen.html

Rückwirkend können Sie den Antrag nur für die vergangenen drei Monate abändern, nach Ende des Anspruchszeitraums haben Sie keine Änderungsmöglichkeiten mehr.

Das Basiselterngeld erhalten Eltern maximal 12 Monate, Alleinerziehende 14 Monate lang – die beiden Extra-Monate sind ein Ausgleich für den Partnerschaftsbonus von zwei Monaten, der Elternpaaren zusteht, wenn sie Elterngeld beziehen.

Sowohl beim Basiselterngeld als auch beim ElterngeldPlus wird Einkommen angerechnet, das Sie durch eventuelle Teilzeitarbeit erzielen. Mutterschaftsgeld zählt dabei als Einkommen, und die Mutterschutzmonate zählen als Elterngeldmonate, sie verringern den Anspruch also um zwei Monate.

→ Ihren Anspruch berechnen

Die Berechnung des Elterngelds ist kompliziert, aber dank etlicher Elterngeldrechner im Internet können Sie sich relativ rasch einen Eindruck verschaffen, was bei Ihnen ungefähr herauskäme (siehe Gut zu wissen „Hilfreiche Infos", S. 67).

Grundsätzlich sind die Anrechnungswerte so gestaltet, dass Teilzeitarbeit und Bezug von ElterngeldPlus finanziell attraktiver sind, als nicht arbeiten zu gehen und nur Elterngeld zu beziehen. Für Alleinerziehende und für getrennte Eltern, die gemeinsam in Teilzeit gehen, gilt: Sind Sie in vier aufeinanderfolgenden Monaten zwischen 25 und 30 Wochenstunden berufstätig, erhalten Sie vier zusätzliche Monate ElterngeldPlus.

Die beiden zusätzlichen Elterngeldmonate, die Alleinerziehenden zustehen, sind an die Bedingung geknüpft, dass Sie steuerrechtlich als alleinerziehend gelten, Ihr Einkommen für mindestens zwei Monate ganz oder teilweise wegfällt und der andere Elternteil weder mit Ihnen noch mit dem Kind in einer Wohnung lebt. Leider dürfen Sie keine Haushaltsgemeinschaft mit einer anderen volljährigen Person haben, wenn Sie von den Elterngeldvorteilen für Alleinerziehende profitieren wollen – eine Wohngemeinschaft mit anderen Alleinerziehenden oder überhaupt anderen Erwachsenen, die Ihnen bei der Kinderbetreuung helfen, können Sie also nicht ohne Weiteres eingehen.

▶ **Was Sie als Alleinerziehende in einer Wohngemeinschaft beachten müssen, damit Sie Ihre Vorteile behalten, siehe „Fallstricke – Vorsicht Kostenfalle" ab S. 93.**

Elternzeit

Die Elternzeit ist die Zeit, die Sie sich als berufliche Auszeit für Ihr Kind nehmen dürfen – unabhängig davon, wie Sie das finanzieren. Als Arbeitnehmerin können Sie sich freistellen lassen, bis Ihr Kind drei Jahre alt ist. Und auch nach dem dritten Geburtstag des Kindes können Sie noch Elternzeit nehmen, wenn Sie Ihren Anspruch von insgesamt 36 Monaten nicht aufgebraucht haben. Maximal 24 Monate davon können

Sich eingrooven.
Mit Elterngeld vom Staat und Elternzeit sind flexible Lebensmodelle für die junge Familie machbar.

noch verwendet werden, wenn das Kind zwischen drei und acht Jahre alt ist. Das kann sehr praktisch sein, wenn Sie zum Beispiel zur Einschulung des Nachwuchses etwas mehr Zeit zu Hause verbringen wollen, um den Start in die Schule zu erleichtern, oder wenn ein Kind mehr gemeinsame Zeit mit Mutter oder Vater benötigt.

Während der Elternzeit ruht Ihr Arbeitsverhältnis, und Sie haben das Recht, nach Ende der Elternzeit an den Arbeitsplatz (oder, je nach betrieblichen Erfordernissen, an einen vergleichbaren Arbeitsplatz) zurückzukehren. Sie benötigen dafür nicht die Zustimmung Ihres Arbeitgebers, solange Sie ihn fristgerecht darüber informieren, dass Sie Elternzeit nehmen möchten. Fristgereicht heißt 7 Wochen vor der Geburt beim Erstantrag, später 13 Wochen vorher. In dringenden Ausnahmefällen können kürzere Fristen gelten.

Ablehnen darf der Arbeitgeber Ihren Wunsch nur für den dritten Teil der Elternzeit, falls Sie sich entscheiden, die Elternzeit in drei Teilen zu nehmen, und Ihr Kind schon zwischen drei und acht Jahren ist – nur aus dringenden betrieblichen Gründen.

Sie haben das Recht, während der Elternzeit in Teilzeit zu arbeiten. Voraussetzung ist, dass das Arbeitsverhältnis länger als sechs Monate besteht und Ihr Arbeitgeber in der Regel mehr als 15 Mitarbeiter beschäftigt. Dann kann er dies nur aus zwingenden betrieblichen Gründen ablehnen. Elternzeit bedeutet also nicht zwingend, dass Sie kein Einkommen haben.

Familiengeld in Bayern

Eine bayerische Besonderheit ist das Familiengeld, das im Juli 2018 vom Bayerischen Landtag beschlossen wurde und seit September 2018 ausgezahlt wird. Es ist unabhängig davon, ob ein Kind eine Kinderbetreuungseinrichtung besucht oder nicht.

Pro Kind im Alter von ein bis drei Jahren erhalten Familien 250 Euro im Monat, unabhängig vom Einkommen. Ab dem dritten Kind sind es 300 Euro monatlich. Praktisch dabei: Haben Sie in Bayern Elterngeld bezogen, müssen Sie keinen extra Antrag stellen, sondern erhalten das Familiengeld automatisch. Ursprünglich wurde das Familiengeld auf alle staatlichen Transferleistungen, zum Beispiel Arbeitslosengeld II, voll angerechnet. Künftig sollen aber auch Hartz-IV-Empfänger vom Familiengeld profitieren. Ein Riesenvorteil!

Vor dem neuen Familiengeld gab es in Bayern sowohl Betreuungs- als auch Landeserziehungsgeld, die gleichzeitig bezogen werden konnten. Das Familiengeld hat diese Leistungen abgelöst. Bis vor einigen Jahren hatten auch Baden-Württemberg und Thüringen ein Landeserziehungsgeld.

Landeserziehungsgeld in Sachsen
Alleinerziehende aus Sachsen, die ihre Kinder zwischen einem und drei Jahren zu Hause betreuen und keine staatlich geförderte Kinderbetreuung nutzen, erhalten fürs erste Kind 150, fürs zweite 200 und fürs dritte 300 Euro monatlich. Voraussetzung: Sie arbeiten nicht oder sind maximal 30 Wochenstunden berufstätig und erzielen nicht über 14100 Euro Nettoeinkommen jährlich, zuzüglich 3140 Euro fürs zweite Kind. Liegt Ihr Einkommen darüber, sinkt das Erziehungsgeld. Ab dem dritten Kind entfällt die Einkommensgrenze. Das Landeserziehungsgeld wird nicht auf Sozialleistungen angerechnet. Die Anspruchsvoraussetzungen im Einzelnen ergeben sich aus dem Sächsischen Landeserziehungsgesetz.

Finanzielle Hilfen für Wohnen und Alltag

Hilfe vom Amt heißt nicht unbedingt Hartz IV. Es gibt zahlreiche Zuschüsse, die Ihre Haushaltskasse deutlich aufbessern können.

Wer jemals Hartz IV bezogen hat oder sich mit Menschen unterhalten hat, die sich und ihre Kinder durchs JobCenter „betreuen“ ließen, weiß, dass dies stets die letzte Wahl ist. Gerade für Alleinerziehende, die dort in den allermeisten Fällen nicht gezielt betreut und vermittelt werden, sondern eher zu unnützen Fortbildungen oder 1-Euro-Jobs verpflichtet werden, wie die Bertelsmann-Stiftung kritisch anmerkt.

In vielen Fällen sind deshalb Wohngeld & Co. die bessere Wahl, um die Nerven zu schonen und eventuell als Selbstständige oder mit einem Teilzeitjob plus staatlicher Hilfe über die Runden zu kommen. Bedingung dafür ist allerdings, dass überhaupt ein gewisses Einkommen vorhanden ist – ganz ohne Einkünfte sind weder Wohngeld noch Kinderzuschlag zu bekommen. Arbeitslosengeld I zählt dabei als Einkommen.

Wohngeld

Dank Wohngeld können Sie Ihre Fixkosten für Miete oder selbst bewohntes Eigentum (das heißt Lastenzuschussantrag) senken – je nach Einkommen und Kinderzahl erheblich. Es ist zwar aufwendig zu beantragen, weil es ebenso wie ein Antrag auf Hartz IV oder Verfahrenskostenhilfe eine detaillierte Aufstellung Ihrer Einkommens- und Vermögensverhältnisse samt aller relevanten Ausgaben erfordert. Aber die Mühe lohnt sich, denn die Zuschüsse liegen bei bedürftigen Familien mit Kindern schnell im Bereich von einigen Hundert Euro im Monat.

Das Wohngeld ist in sechs Mietstufen gestaffelt, die von Ihrem Wohnort und den dortigen Lebenshaltungs- und Mietkosten abhängen: In teuren Städten ist das Wohngeld deutlich höher als in günstigen Städten. Je mehr Kinder Sie haben und je geringer Ihr relevantes Haushaltseinkommen, desto höher Ihr Anspruch auf Wohngeld. Die Höhe Ihrer Miete wird ebenfalls in die Berechnung einbezogen. Sollten Sie Hartz IV oder Sozialleistungen beziehen, können Sie kein Wohngeld beantragen, weil im Bezug dieser Leistungen ein Satz für Wohnen enthalten ist. Und wenn Sie Bafög oder Berufsausbildungsbeihilfe erhalten, steht Ihnen ebenfalls kein Wohngeld zu. Anspruch auf Wohngeld haben Sie aber, wenn Sie Arbeitslosengeld I bekommen.

Das Wohngeld wird in der Regel für zwölf Monate bewilligt. Bei der Berechnung des Anspruchs verlangt die Behörde Auskunft über Ihre finanziellen Verhältnisse der letzten zwölf Monate.

Sie können auch als Selbstständige, als Studierende, Arbeitssuchende oder Elternteil in Erziehungszeit Wohngeld beantragen. Entscheidend ist, dass ein gewisses Mindesteinkommen vorhanden ist. Kommt das Amt zu dem Schluss, Ihr Einkommen reiche zur Sicherung des Lebensunterhalts nicht aus, lehnt es den Wohngeldantrag mit dieser Begründung ab und verweist auf Hartz IV. Dieses Mindesteinkommen (inklusive Kindergeld und Unterhalt/Unterhaltsvorschuss) liegt derzeit bei 80 Prozent des monatlichen Regelsatzes zur Deckung des Lebensunterhalts. Der beträgt bei Alleinstehenden 424 Euro und bei Kindern je nach Alter zwischen 245 und 339 Euro im Monat. Als Kinder gelten vor der Wohngeldstelle nicht berufstätige Kinder bis zum Alter von 25 Jahren, die in Ihrem Haushalt leben.

Auf der anderen Seite dürfen Sie relativ viel Vermögen besitzen, ohne das Recht auf Wohngeld zu verlieren: Die Vermögensfrei-

Gut zu wissen

Kinderwohngeld. Für Kinder, deren Eltern Hartz IV beziehen, die aber durch eigene Einnahmen ihren Lebensunterhalt bestreiten können, kommt der Bezug von Kinderwohngeld in Betracht. Eigene Einnahmen können dabei auch Unterhalt und Kindergeld sein. Das Kind gilt nicht mehr als Mitglied der Bedarfsgemeinschaft vor dem JobCenter, wodurch Sie eventuell Anspruch auf höhere Leistungen für die Miete haben (Bundessozialgericht, Urteil vom 25. April 2018).

grenze liegt bei 60 000 Euro bei Alleinstehenden, dazu kommen noch 30 000 Euro für jedes weitere Haushaltsmitglied.

Je nachdem, wo Sie wohnen, beantragen Sie das Wohngeld beim Sozial- und Jugendamt oder beim Landratsamt. Diese Ämter helfen auch mit Auskünften weiter. Es gibt mehrere gute Wohngeldrechner im Internet, die Ihnen vorab einen Eindruck verschaffen können, ob und wie viel Wohngeld Ihnen zustehen könnte, zum Beispiel bei wohngeldrechner.nrw.de/ (für alle Bundesländer). Insgesamt ist die Berechnung hochkomplex und ähnelt den Formalien beim Beantragen von Verfahrenskostenhilfe, was die pauschalen Abzüge, zu wertenden Anteile des Einkommens und der Ausgaben betrifft. Siehe „Verfahrenskostenhilfe“, S. 80.

→ Ein weiteres Plus

Wenn Sie Wohngeld erhalten, stehen Ihnen auch Leistungen aus dem Bildungs- und Teilhabepaket zu (siehe S. 74) und eventuell ein Sozialpass Ihrer Kommune, sofern vor Ort vorhanden. Beide bringen ebenfalls erhebliche Einsparungen mit sich.

Wohnberechtigungsschein (WBS)

Der kurz WBS genannte Wohnberechtigungsschein ist Voraussetzung dafür, dass Sie in öffentlich geförderten Wohnraum ziehen können – sozusagen die Eintrittskarte, um auf eine Warteliste für eine günstige Sozialwohnung zu dürfen oder eine solche geförderte Wohnung auf dem freien Wohnungsmarkt zu ergattern.

Falls Sie einen WBS erhalten, ist darin festgelegt, wie viel Wohnraum Ihnen maximal zusteht. Für eine Alleinerziehende mit Kind sind das derzeit 60 Quadratmeter, mit zwei Kindern 75, mit drei Kindern 90 Quadratmeter und für jede weitere Person 15 Quadratmeter mehr.

Um zu prüfen, ob Ihnen ein WBS zusteht, wird das Einkommen prognostiziert, das in den zwölf Monaten ab Antragstellung zu erwarten ist. Dafür kann das Einkommen der letzten zwölf Monate betrachtet werden. Die Berechnung ist kompliziert, weil vom Ein-

Bezahlbares Zuhause
Auch für den kleinen Geldbeutel gibt es schöne Wohnungen. Staatliche Förderung macht's möglich.

kommen diverse Freibeträge und Werbungskosten abgezogen werden, die das Nettoeinkommen erheblich reduzieren. Aber keine Sorge, das Ausrechnen übernimmt das zuständige Amt für Sie!

Derzeit liegt die Einkommensgrenze für einen WBS bei 18 500 Euro Jahresnettoeinkommen für Alleinerziehende mit einem Kind. Für jedes weitere Kind kommen 4 500 Euro dazu. Das heißt, bei zwei Kindern dürfen Sie im Jahr schon 23 000 Euro Nettoeinkommen erzielen, also 1 916 Euro monatlich netto. Allerdings ist die exakte Höhe der Einkommensgrenze Sache der Bundesländer und kann bedingt durch die unterschiedlichen örtlichen wohnungswirtschaftlichen Verhältnisse abweichen.

Zusätzlich stehen Alleinerziehenden in Ausbildung und solchen, die berufstätig sind, extra Abzüge pro Kind zu. Weitere pauschale Einkommensabzüge gibt es, wenn Sozialabgaben und Steuern gezahlt werden – Kindergeld und Wohngeld zählen hierbei nicht als Einkommen. Das Nettoeinkommen, das zugrunde gelegt wird, um auszurechnen, ob Ihnen ein WBS zusteht, ist also deutlich niedriger als Ihr Nettoeinkommen auf dem Gehaltszettel oder Ihr monatliches Haushaltseinkommen. Gerade bei Teilzeitarbeit und ausbleibendem Unterhalt ist es für viele „durchschnittliche" Alleinerziehende also durchaus sinnvoll, zu versuchen, einen WBS zu erhalten, um die monatlichen Fixkosten für Miete gering zu halten.

In besonders dringenden Fällen – wenn zum Beispiel Wohnungslosigkeit droht – haben Sie die Möglichkeit, einen WBS mit Dringlichkeit zu erhalten. Damit wird Ihnen dann besonders schnell eine günstige Wohnung zugeteilt.

Genauere Auskünfte dazu geben die Sozial- und Jugendämter, die Ihnen mit etwas Wohlwollen vorab eine unverbindliche Einschätzung geben, ob es für Sie lohnen könnte, den Antrag auf einen WBS zu stellen. Die Kommunen dürfen für die Bearbeitung eines Wohngeldantrags Gebühren verlangen, die aber in der Regel niedrig sind. Vielerorts werden keine Gebühren berechnet.

Bildungs- und Teilhabepaket (BuT)

Mit dem Bildungs- und Teilhabepaket, kurz BuT, möchte der Staat Familien mit geringem Einkommen gesellschaftliche Teilhabe ermöglichen – vor allem beim Mittagessen in der Schule/Kita, bei Ausflügen oder Hobbys im Sport- und Musikbereich.

Das BuT ist sehr einfach zu beantragen. Es steht Ihrem Kind zu, wenn Sie eine der folgenden Leistungen beziehen:

- Hartz IV
- Wohngeld
- Kinderzuschlag
- Sozialgeld oder Sozialhilfe
- Leistungen nach dem Asylbewerbergesetz

Städte oder Landkreise sind für die Umsetzung des BuT zuständig und handhaben die Auszahlung und die Antragstellung unterschiedlich. Teils stellen die Kommunen Gutscheine aus, teils wird Geld direkt an die rechnungsstellenden Institutionen (zum Beispiel Vereine, Kitas, Caterer fürs Schulessen) überwiesen.

Bei Schulausflügen können die Beträge seit 2013 sogar direkt an Sie als Elternteil ausgezahlt werden, weil die Ankündigungen dazu oft ziemlich kurzfristig erfolgen und viele Eltern in Vorleistung gehen mussten, was die Abrechnung kompliziert machte. Und auch die Unterstützung für Klassenfahrten darf das Amt jetzt direkt an Sie als Elternteil auszahlen.

Als Elternteil mit Anspruch auf BuT steht Ihrem Kind Förderung zu für:

- Gemeinsames Mittagessen in Krippe, Kita, Schule, Hort. Die Leistung ist nicht gedeckelt. Die derzeit nötige Zuzahlung von einem Euro pro Tag soll zum 1. August 2019 abgeschafft werden.
- Die kompletten Reisekosten für Ausflüge und Klassenfahrten.
- Beiträge für den Sportverein und den Musikverein. Im Monat je 10 Euro. Sie können auch auf einmal ausgezahlt werden und sind auf einen Jahresbeitrag in Höhe von je 120 Euro gedeckelt. Im Ausnahmefall dürfen Sie davon auch Musikinstrumente kaufen oder Sportschuhe.
- Ausstattung mit Schulmaterialien. Ab dem 1. August 2019 150 Euro pro Schuljahr.
- Nachhilfe bei schlechten Noten und fehlendem Angebot der Schule.
- Schülerbeförderung. Der Eigenanteil von derzeit 5 Euro im Monat wird ebenfalls zum 1. August 2019 abgeschafft.

Den Antrag auf BuT stellen Sie, je nach Wohnort, entweder beim Landratsamt oder beim Sozial- und Jugendamt. Eltern, die Hartz IV beziehen, reichen den Antrag beim JobCenter ein. Ihr zuständiges Bürgeramt, Sozial- und Jugendamt und JobCenter können Ihnen genauere Auskünfte geben und haben meist Flyer ausliegen, die das Verfahren erklären.

Sozialpass/Familienpass

In einigen Städten gibt es für Empfänger von Hartz IV, Wohngeld, Sozialgeld und Kinderzuschlag einen Sozialpass (der auch einen anderen Namen tragen kann). Mit dem Pass können Sie zum Beispiel mit reduziertem Eintritt ins Schwimmbad und in Museen gehen, eine ermäßigte Jahreskarte für die Bücherei erhalten, vergünstigte Busfahrtickets kaufen und vieles mehr. Diese Förderung wird komplett von Ihrer Kommune übernommen und hängt vom guten Willen des Stadt- oder Gemeinderats ab, der das Sozial- und Jugendamt mit der Ausstellung des Sozialpasses und der internen Verrechnung der Ausgaben beauftragt.

Speziell für Familien mit mehreren Kindern ist so ein Sozialpass eine prima Sache, denn jedes Familienmitglied erhält einen eigenen Pass, mit dem es dann Bus fahren oder günstiger ins Schwimmbad und in ähnliche öffentliche Einrichtungen gehen kann. Das Geld, das man damit sparen kann, summiert sich über die sechs Monate, für die der Sozialpass jeweils ausgestellt wird.

Um den Pass zu erhalten, muss man in der Regel nur mit einem Bewilligungsbescheid für Wohngeld, Kinderzuschlag, Sozialgeld oder den Bezug von Arbeitslosengeld II beim Amt vorstellig werden.

Kinderzuschlag

Der Kinderzuschlag ist für Familien gedacht, die zwar eigenes Einkommen erwirtschaften, aber trotzdem finanziell kaum über die Runden kommen. Um den Kinderzuschlag beziehen zu können, müssen Sie innerhalb eines gewissen Einkommenskorridors liegen und dürfen kein Hartz IV beziehen. Voraussetzung ist, dass Sie Kindergeld für das Kind bekommen. Ihr Einkom-

Gut zu wissen

Keine Rundfunkgebühren. Wer Sozialgeld oder Hartz-IV-Leistungen bezieht, kann sich vom Rundfunkbeitrag befreien lassen. Aber auch wenn Sie weder Hartz-IV-Leistungen noch Sozialgeld beziehen, können Sie beantragen, keinen Rundfunkbeitrag zahlen zu müssen. Voraussetzung ist, dass Ihr monatliches Einkommen Ihren sozialen Bedarf um weniger als die Höhe des monatlichen Rundfunkbeitrags (derzeit 17,50 Euro) überschreitet. Dies gilt, wenn Sie Anspruch auf Sozialgeld haben, aber auf diese Leistung verzichten. Den Anspruch müssen Sie durch einen Bescheid vom Amt und eine Verzichtserklärung nachweisen.

men darf sich neben Erwerbseinkommen und Kindergeld auch aus Wohngeld, Unterhalt oder Unterhaltsvorschuss zusammensetzen und darf eine bestimmte Grenze nicht unterschreiten. Sonst wird Ihnen der Kinderzuschlag mit der Begründung verweigert, dass Sie einen Antrag auf Hartz IV zur Sicherung des Lebensunterhalts stellen müssen.

Momentan beträgt der Kinderzuschlag bis zu 170 Euro pro Kind und Monat, ab dem 1. Juli 2019 sollen es bis zu 185 Euro sein. Ab Januar 2021 soll der Höchstbetrag wegfallen, und der Kinderzuschlag wird dynamisiert. Auch die Einkommensgrenzen der Kinder und der Eltern sollen sich ab Sommer 2019 ändern. Neu ist, dass das Einkommen der Eltern, das die Höchstgrenze übersteigt, nur noch zu 45 Prozent angerechnet werden soll. Damit fällt die „scharfe Abbruchkante" weg. Das sorgt dafür, dass der Kinderzuschlag langsam ausläuft, anstatt abrupt wegzufallen, wenn das Einkommen steigt.

Auch die untere Einkommensgrenze wird ab Sommer 2019 neu geregelt: Ab dann können auch Familien den Kinderzuschlag beziehen, die keine ergänzenden Sozialleistungen bekommen (wie Sozialgeld oder Leistungen aus dem BuT), obwohl sie ihnen zustünden. Damit soll die verdeckte Armut gelindert werden. Es ist zukünftig möglich, Kinderzuschlag und Wohngeld zu erhalten, wenn die Familie nur knapp unter dem Hartz-IV-Anspruch liegt (bis zu 100 Euro darunter.)

Das Bundesministerium für Arbeit und Soziales nennt als grobe Orientierung ein Bruttoeinkommen im Haushalt von 1200 bis 2200 Euro im Monat für eine Alleinerziehende mit einem Kind, bei dem es wahrscheinlich ist, dass der Anspruch auf den Kinderzuschlag besteht.

Beantragen können Sie den Kinderzuschlag über die Familienkasse, die in der Regel bei der Agentur für Arbeit angesiedelt ist. Sie können ihn für jedes unverheiratete Kind bis zum Alter von 25 Jahren beantragen, solange es die Voraussetzungen für den Bezug von Kindergeld erfüllt und in Ihrem Haushalt lebt. Der Kinderzuschlag wird ab dem 1. Juli 2019 für sechs Monate gewährt und nicht mehr rückwirkend geprüft.

→ Schlüssel für weitere Hilfen

Steht Ihnen der Kinderzuschlag zu, dann haben Sie auch Recht auf Leistungen des Bildungs- und Teilhabepakets, das viele weitere Zuschüsse mit sich bringt und sehr einfach zu beantragen ist. Je nach Wohnort erhalten Sie als Kinderzuschlagsempfängerin auch einen Sozialpass oder Familienpass, der mit Vergünstigungen verbunden ist.

Weitere Transferleistungen

Wenn das eigene Einkommen zum Leben nicht reicht, hilft der Staat mit Grundsicherung. Auch Alleinerziehende in Ausbildung werden nicht im Stich gelassen, wenn es finanziell zu eng wird.

Kinder brauchen nicht nur liebevolle Bezugspersonen, sondern auch eine gewisse finanzielle Sicherheit und ein Zuhause. Wenn Ihre finanzielle Lage prekär ist und Sie sich weder mit Wohngeld, Elterngeld, Kinderzuschlag, Kindergeld, Unterhalt und eigener Berufstätigkeit über Wasser halten können, dann ist es wahrscheinlich an der Zeit, sich mit dem Thema Grundsicherung zu befassen. Denn es ist nichts dabei, staatliche Hilfen in Anspruch zu nehmen, die Ihnen zustehen.

Hartz IV (Arbeitslosengeld II) und Aufstocken

Für viele Alleinerziehende ist es ein schwerer Schritt, Hartz IV zu beantragen. Schließlich ist bekannt, dass diese Grundsicherung mit dem Prinzip „Fördern und Fordern" einhergeht, was bedeutet, dass das JobCenter nicht nur eine bestimmte Zahl von Bewerbungen pro Monat verlangen kann, sondern auch Umschulungen und Weiterbildungen angeboten werden, die schwer auszuschlagen sind, selbst wenn sie einen weder persönlich noch beruflich weiterbringen. Nicht besonders schön ist auch, dass Sie für jeden Urlaub die Zustimmung des JobCenters beantragen müssen und Ihre Kinder spätestens mit 16 aufs Amt vorgeladen werden, wo man ihnen nahelegt, doch lieber gleich eine Ausbildung zu machen, als das Abitur oder gar ein Studium anzustreben, selbst bei guten Noten. Zudem können bei getrennten Eltern Kürzungen des Bedarfssatzes fürs Kind vorgenommen werden für die Tage, an denen sich das Kind beim Ex-Partner aufhält. Das kann gerade in finanziell angespannten Verhältnissen problematisch sein, denn die Miete und andere Fixkosten laufen ja stetig weiter, auch wenn das Kind beim anderen Elternteil zu Besuch ist.

All dies hat dazu beigetragen, dass Hartz IV unter Alleinerziehenden nicht besonders beliebt ist. Aber manchmal geht es nicht anders. Und weil Alleinerziehende oft unter ihrer Qualifikation und in Teilzeit arbeiten, sind viele von ihnen darauf angewiesen, ihr Gehalt durch Hartz IV aufzustocken – jede dritte Alleinerziehende in Hartz IV ist eine Aufstockerin!

Den Antrag auf Grundsicherung zu stellen ist ähnlich aufwendig wie ein Antrag auf Verfahrenskostenhilfe oder Wohngeld. Es wird nahezu alles abgefragt, was Ihre Finanzen und Lebensumstände betrifft (siehe dazu auch „Verfahrenskostenhilfe", S. 80). Aber wenn Sie dann Hartz IV beziehen, ist im Grunde für alles gesorgt: Sie und Ihr Kind sind krankenversichert, haben das Recht auf angemessenen Wohnraum und auch auf die Miete dafür, und es gibt einen Regelsatz, mit dem alles Lebensnotwendige bezahlt werden kann/soll. Praktisch gestaltet sich das manchmal schwierig, weil bezahlbarer Wohnraum knapp ist und die Lebenshaltungskosten in manchen Städten so hoch sind, dass der Regelsatz nicht ausreicht.

Dieser Mehrbedarf steht Ihnen zu

Je nach Anzahl und Alter Ihrer Kinder steht Ihnen ein Prozentsatz des Regelbedarfs als Mehrbedarf zu.

Alter der Kinder	Mehrbedarf
1 Kind bis 7 Jahre	36 %
1 Kind über 7 Jahre	12 %
2 Kinder unter 16 Jahren	36 %
2 Kinder über 16 Jahren	24 %
1 Kind unter 7 und 1 Kind über 16 Jahren	24 %
3 Kinder	36 %
4 Kinder	48 %
5 Kinder und mehr	60 %

Die Höhe der Grundsicherung für Alleinerziehende setzt sich aus dem Regelbedarf des Elternteils und dem des Kindes beziehungsweise der Kinder zusammen, für die ein Mehrbedarf angesetzt wird.

Wie hoch der Mehrbedarf ist, hängt von der Anzahl der Kinder und von deren Alter ab – er beträgt mindestens 12 Prozent, höchstens 60 Prozent des Regelbedarfs des Elternteils, der das Kind alleine aufzieht und betreut. Sie haben übrigens auch Anspruch auf den Mehrbedarf, wenn bei Ihnen im Haushalt noch Eltern oder Geschwister leben, die theoretisch bei der Kinderbetreuung und Erziehung helfen könnten. Bei getrennt lebenden, aber gemeinsam erziehenden Eltern muss der Mehrbedarf aufgeteilt werden.

Über den Mehrbedarf für Kinder, die regelmäßig Umgang mit dem anderen Elternteil haben, wird derzeit noch politisch diskutiert. Erstens darf Alleinerziehenden auch der Mehrbedarf gestrichen werden, wenn der Ex-Partner selbst überhaupt keine staatlichen Leistungen bezieht, und zweitens führt der Abzug von Mehrbedarf an Umgangstagen vermehrt zu existenziellen Sorgen und damit zu Streit zwischen den getrennten Eltern. Die jeweiligen JobCenter haben dabei einen großen Ermessensspielraum: Es gibt Orte, in denen der Mehrbedarf rigoros gestrichen wird für jeden Umgangstag beim anderen Elternteil, und solche, die hier sehr kulant sind.

→ **Leistungsanspruch**

Wer Hartz IV bezieht, hat auch Anspruch auf Leistungen aus dem Bildungs- und Teilhabepaket für Kinder, mit dem Klassenausflüge, Schulmaterialien, gemeinschaftliches Mittagessen und Vereinsbeiträge bezahlt werden können. Siehe auch BuT, S. 74.

Berufsausbildungsbeihilfe

Für Alleinerziehende, die eine Ausbildung machen, kommt bei geringem Einkommen die Berufsausbildungsbeihilfe, kurz BAB, infrage. Sie wird bei der Bundesagentur für Arbeit beantragt. Anspruch auf diese Transferleistung, haben Sie, wenn Sie

- eine Berufsausbildung in einem anerkannten Ausbildungsberuf machen
- oder eine berufsvorbereitende Bildungsmaßnahme absolvieren
- oder einen Hauptschulabschluss nachholen.

Gezahlt wird die Berufsausbildungsbeihilfe als monatlicher Zuschuss zur Ausbildungsvergütung, dabei dürfen Sie in einem Minijob monatlich 450 Euro dazuverdienen.

Für schulische Ausbildungen wie die zur Physiotherapeutin wird diese Leistung nicht gewährt, und zwei Jahre nach der ersten erfolgreich abgeschlossenen Berufsausbildung (egal, ob betrieblich, außerbetrieblich oder schulisch) mit einer vorgeschriebenen Ausbildungszeit von mindestens zwei Jahren haben Sie auch kein Recht auf Berufsausbildungsbeihilfe. Für eine zweite Berufsausbildung erhalten Sie sie nur in Ausnahmefällen.

Gut zu wissen

Fehlende oder unzureichende Kinderbetreuung ist ein Grund, vor dem JobCenter auf Weiterbildung oder Ausbildung in Teilzeit zu bestehen. Außerdem haben Sie das Recht, Zuschüsse zur Kinderbetreuung einzufordern, siehe dazu „Kinderbetreuung, die zum Job passt", S. 41.

▶ Weitere Infos zur Berufsausbildungsbeihilfe finden Sie auf der Seite der Agentur für Arbeit arbeitsagentur.de unter dem Suchbegriff BAB. Mit dem BAB-Rechner können Sie Ihren Anspruch herausfinden: babrechner.arbeitsagentur.de

Bafög für Schüler/Studierende

Der Bafög-Höchstsatz liegt Anfang 2019 bei 735 Euro. Für 2019/2020 ist ein Anstieg in zwei Stufen auf rund 850 Euro geplant. Die Höhe der Förderung richtet sich nach dem Einkommen der Eltern. Studierende mit Kind erhalten einen Kinderbetreuungszuschlag in Höhe von 130 Euro pro Kind.

Um Bafög zu erhalten, müssen Sie das Studium bis zum 30. Lebensjahr begonnen haben, bei Master-Studiengängen bis zur Vollendung des 35. Lebensjahres. Aber Alleinerziehende können wegen Schwangerschaft oder Erziehung von Kindern Ausnahmeregelungen beantragen.

Vom Bafög muss nur die Hälfte zurückgezahlt werden, die andere Hälfte übernimmt der Staat. Maximal sind 10 000 Euro zurückzuzahlen – zahlt man die ganze Summe auf einmal ab, gibt's noch einmal Rabatt! Schüler-Bafög muss grundsätzlich nicht zurückgezahlt werden. Auch bei den Rückzahlungsmodalitäten sind für 2019 Änderungen geplant.

Verfahrenskostenhilfe

Gerichts- und Anwaltskosten können schnell in die Tausende Euro gehen. Dank Verfahrenskostenhilfe (Prozesskostenhilfe) kommen Sie auch mit geringen Einkünften zu Ihrem Recht.

Sie möchten Mehrbedarf beim Kindesunterhalt geltend machen, den Umgang regeln oder andere Dinge mit dem Ex-Partner gerichtlich klären lassen? Das geht zum Glück auch mit schmalem Geldbeutel, denn sogar bei keinem oder nur geringem Einkommen/Vermögen können Sie Verfahren vor Gericht führen und sich anwaltliche Hilfe holen – dafür hält der Staat Verfahrenskostenhilfe und Beratungshilfe bereit.

→ Beratungshilfe nutzen

Sie haben die Möglichkeit, sich einen Beratungsschein beim Amtsgericht zu besorgen, mit dem Sie außerhalb eines Gerichtsverfahrens anwaltlichen Rat einholen können. Das Antragsverfahren ist wie bei der Verfahrenskostenhilfe relativ umfangreich. Mit dem Beratungsschein kann der Anwalt direkt mit dem Gericht abrechnen – Ihnen selbst entstehen maximal 15 Euro Kosten.

Verfahrenskostenhilfe wird für ein Gerichtsverfahren gewährt, wenn die Erfolgsaussichten als ausreichend beurteilt werden, der Verfahrensausgang also zumindest offen ist, oder wenn vor Gericht Anwaltszwang herrscht und Sie sich keinen Anwalt leisten können, zum Beispiel bei einer Scheidung. Außerdem dürfen die Verfahren nicht mutwillig herbeigeführt werden, also um des Prozessierens willen.

Beratungshilfe dient dazu, sich trotz geringen Einkommens und ohne gleich ein Gerichtsverfahren anzustreben, anwaltlichen Rat einzuholen. Wenn Sie sich die 190 Euro plus Mehrwertsteuer, die eine Erstberatung beim Anwalt maximal kosten darf, nicht leisten können, ist also der Antrag auf einen Beratungsschein der erste Schritt, um sich über Ihre Rechte und die Erfolgsaussichten eines Anliegens zu informieren.

Ob Ihnen Verfahrenskostenhilfe zusteht, entscheidet das zuständige Gericht auf Antrag. Solch einen Antrag zu stellen ist relativ aufwendig, da Sie Ihre finanzielle Bedürftigkeit bis ins Detail nachweisen müssen – ähnlich wie beim Wohngeldantrag oder Hartz IV. Aber diese Mühe lohnt sich, denn Gerichts- und Anwaltskosten addieren sich meist zu stattlichen vierstelligen Summen. Es ist auch absolut nicht ungewöhnlich, Verfahrenskostenhilfe zu erhalten: In geschätzt 75 Prozent aller Scheidungsverfahren bekommt einer der beiden Antragsgegner Verfahrenskostenhilfe, meist die Frauen, die sich aufgrund ihres geringeren Einkommens durch Babypause, Teilzeitjobs, Berufswahl und schlechter Bezahlung keinen Anwalt leisten können.

Je nachdem, wie hoch Ihr Einkommen abzüglich aller abzugsfähigen Kosten und Freibeträge ist, müssen Sie die Verfahrenskostenhilfe in Raten abbezahlen (also handelt es sich im Prinzip um ein zinsloses Darlehen), oder Sie erhalten sie als reine Zuwendung. Ob Ihr Einkommen in einem Bereich liegt, in dem Ihnen zugemutet werden kann, die Verfahrenskostenhilfe auf Raten zurückzuzahlen, teilt das Gericht bei der Bewilligung gleich mit. Die Ratenzahlung ist auf maximal 48 Monate begrenzt – alles, was Sie innerhalb dieses Zeitrahmens nicht abstottern können, weil Ihr Einkommen dafür nicht ausreicht, wird Ihnen erlassen. Ändern sich Ihre Einkommensverhältnisse zum Guten, müssen Sie dies dem Gericht selbstverständlich mitteilen und dementsprechend höhere Raten abbezahlen.

Erhalten Sie die Verfahrenskostenhilfe wegen Ihres geringen Monatseinkommens als Zuwendung, kann das Gericht Sie aller-

Prozesskostenhilfe = Verfahrenskostenhilfe. Seit 2009 heißt die Prozesskostenhilfe bei Verfahren in Familiensachen offiziell „Verfahrenskostenhilfe" – aber im allgemeinen Sprachgebrauch hat sich dieser Begriff nicht durchgesetzt. Auch viele Anwälte benutzen im Gespräch mit Mandanten das gebräuchlichere Wort Prozesskostenhilfe.

dings bis zu vier Jahre nach Bewilligung der Hilfe auffordern, sie zurückzuzahlen oder Ihre Einkommensverhältnisse erneut zu belegen.

Achtung: Sollten Sie wider Erwarten das Verfahren verlieren, sind zwar die Kosten für Ihren Anwalt und die Gerichtskosten durch die Verfahrenskostenhilfe gedeckt, nicht aber die des gegnerischen Anwalts. Bei unsicheren Erfolgsaussichten könnten Sie also auf diesen Kosten sitzenbleiben. Das kann in der Regel zwar nicht bei Familiensachen wie Scheidung, Sorgerecht und Umgangsrecht passieren, da die Kosten immer gegeneinander aufgehoben werden. In Unterhaltssachen und bei Vermögensauseinandersetzungen allerdings schon.

Berechnung des Einkommens

Das relevante Einkommen für die Verfahrenskostenhilfe zu berechnen ist kompliziert. Ihre Anwältin wird ungefähr abschätzen können, ob Sie Chancen haben, die Hilfe zu erhalten, wenn Sie ihr Ihre Einkommensverhältnisse grob offenlegen. Die exakte Berechnung erfolgt dann beim bewilligenden Gericht, das ebenso wie Ihre Anwältin relativ gut beurteilen kann, ob hinreichende Erfolgschancen für das angestrebte Verfahren gegeben sind.

Abzugsfähige Posten von Ihren monatlichen Einkünften sind zum Beispiel diese laufenden monatlichen Ausgaben:

- Miete
- Mietnebenkosten
- Krankenversicherungskosten
- Kosten für die Fahrt zur Arbeit (Werbungskosten)
- gewöhnliche Versicherungen wie Hausrat, Haftpflicht, Lebensversicherung
- Kosten für Kinderbetreuung
- Rundfunkbeitrag
- laufende Kredite
- Weiterbildungskosten

Neben den abzugsfähigen laufenden Kosten werden noch Freibeträge für den Antragsteller, Kinder und Erwachsene, für die man Unterhalt zahlt, angerechnet.

Eigenes Vermögen bis zu 5000 Euro wird Ihnen zugestanden. Auch selbstbewohnte Immobilien dürfen Sie besitzen sowie Vermögenswerte, die der eigenen Berufsausübung dienen und für eine angemessene Altersvorsorge nötig sind.

→ Vorher erkundigen

Nicht jeder Anwalt arbeitet zu den Sätzen, die er über die Verfahrenskostenhilfe erstattet bekommt – deswegen ist es unerlässlich, dass Sie sich erkundigen, ob der Anwalt Ihrer Wahl dazu bereit ist, für Sie auf Basis von Verfahrenskostenhilfe oder Beratungshilfe tätig zu werden.

Checkliste

Umgang mit Behörden

Behörden haben Rechte und Pflichten, Sie als Antragstellerin aber auch. Wie kommen Sie am besten zu zuverlässigen Auskünften und am Ende zu Ihrem Recht beziehungsweise einer Bearbeitung Ihres Anliegens in Ihrem Sinn?

- ☐ Nach dem Erstkontakt möglichst alles schriftlich machen. Das können auch Mails sein.
- ☐ Freundlich, aber bestimmt auftreten. Die Behörde arbeitet schließlich für Sie.
- ☐ Bei reinen Telefonkontakten Gesprächspartner, Datum, Uhrzeit und Inhalt des Gesprächs notieren.
- ☐ Anschreiben so formulieren, dass dem Gegenüber sofort klar wird, was Ihr Anliegen ist.
- ☐ Es schadet nichts, ein höfliches Anschreiben zu formulieren – Sachbearbeiter sind auch nur Menschen.
- ☐ Vorsorglich Fristen setzen, bis wann Sie eine Antwort benötigen.
- ☐ Möglichst gleich vollständige Anträge einreichen.
- ☐ Selbst auch darauf achten, dass Sie Ihre Fristen einhalten.
- ☐ Schriftverkehr gut archivieren und sicherheitshalber ausdrucken.
- ☐ Bei unangenehmen Gesprächen (zum Beispiel im Jugendamt) einen Zeugen mitnehmen.
- ☐ Bescheide gründlich lesen und Widerspruch einlegen, falls nötig.
- ☐ Nicht abwimmeln lassen, falls Sie das Gefühl haben, man nimmt Ihr Anliegen noch nicht ganz ernst.
- ☐ Bei Problemen mit Mitarbeitern nicht zögern, den Vorgesetzten zu informieren und dort um Klärung zu bitten.
- ☐ Falls Bescheide oder Auskünfte ausbleiben, nach den Fristen erkundigen, innerhalb derer die Behörde Ihnen antworten muss.
- ☐ Wirklich wichtige Unterlagen entweder per Einschreiben schicken oder persönlich abliefern und sich den Empfang quittieren lassen (JobCenter).

Steuern sparen

Üppig ist es nicht, was der Staat Alleinerziehenden als steuerliche Entlastung anbietet. Aber das, was es gibt, sollten Sie kennen und mitnehmen.

Eltern, die in einer Partnerschaft leben, teilen sich die Kosten für Wohnen, Kind, Haushalt und das Leben. Sind die beiden verheiratet oder leben sie in einer eingetragenen Lebenspartnerschaft, profitieren sie vom Ehegattensplitting – insbesondere dann, wenn sie unterschiedlich viel verdienen.

Je höher der Einkommensunterschied ausfällt, desto mehr Steuern sparen Verheiratete durch das Ehegattensplitting. Das gilt auch, wenn sie keine Kinder haben. Der Staat möchte damit Familien mit Trauschein besonders fördern.

Auch den Alleinerziehenden gesteht der Staat Steuervorteile zu, allerdings in viel geringerem Umfang als kinderlosen Ehepaaren oder verheirateten Eltern. Einige der Steuererleichterungen wie Kindergeld oder den Kinderfreibetrag und die Absetzbarkeit von haushaltsnahen Dienstleistungen, also auch Kinderbetreuungskosten, stehen allen Eltern zu, unabhängig von ihrem Familienstatus.

Das steht Alleinerziehenden vom Finanzamt zu

Steuerklasse 2 ist ausschließlich Alleinerziehenden vorbehalten, bringt aber nur eine geringe Steuerersparnis. Wichtig ist der Antrag auf Kindergeld. Davon hängen viele Leistungen ab.

Die Steuervorteile, die exklusiv Alleinerziehende beanspruchen können, fallen überschaubar aus: Ganze 1908 Euro pro Jahr stehen ihnen als Entlastungsbetrag zu. Das Finanzamt zieht ihn bei der Jahresveranlagung von der Summe der Einkünfte ab – also dann, wenn Sie eine Steuererklärung einreichen.

Wenn Sie einen Antrag auf Steuerklasse 2 stellen, kann der Freibetrag bereits beim Lohnsteuerabzug berücksichtigt werden. Dann bleiben vom monatlichen Bruttogehalt 159 Euro steuerfrei. Haben Sie mehrere Kinder, erhöht sich der Jahresbetrag um jeweils 240 Euro pro Kind, also um 20 Euro im Monat. Beantragen können Sie den Wechsel in Steuerklasse 2 bis zum 30. November des laufenden Kalenderjahres durch ein Schreiben an das Finanzamt.

Lebt Ihr Kind im Wechselmodell, in dem es abwechselnd von beiden Elternteilen betreut wird, können Sie als Eltern gemeinsam festlegen, welcher Elternteil das Recht haben soll, den Entlastungsbetrag und damit Steuerklasse 2 in Anspruch zu nehmen. Für den Fall, dass Sie sich nicht einigen können, gilt: Wenn Ihr Kind zwei Wohnsitze hat, steht Steuerklasse 2 demjenigen zu, der das Kindergeld tatsächlich erhält.

Folgende Voraussetzungen müssen für den Entlastungsbetrag beziehungsweise Anspruch auf Steuerklasse 2 erfüllt sein:

- Wenigstens ein Kind unter 18 Jahren ist in Ihrem Haushalt mit Erstwohnsitz gemeldet.
- Oder ein Kind über 18 Jahren, für das Sie noch berechtigt sind, Kindergeld zu beziehen, lebt bei Ihnen im Haushalt.
- Keine weitere volljährige Person lebt im Haushalt (Ausnahme: erwachsenes Kind im Wehrdienst oder Dienst als Entwicklungshelfer oder Kinder, für die Sie Anspruch auf Kindergeld/Kinderfreibeträge haben, weil sie noch in Ausbildung, Schule, Studium sind oder ein Freiwilliges soziales Jahr oder Bundesfreiwilligendienst leisten).
- Sie haben dem Finanzamt mitgeteilt, dass Sie alleinerziehend sind und Steuerklasse 2 in Anspruch nehmen wollen (von alleine passiert das nicht!).

Verwitwete Steuerpflichtige werden in dem Steuerjahr, nachdem der Ehepartner verstorben ist, noch einmal nach der Splittingtabelle veranlagt. Das Witwensplitting steht ihnen zu, wenn im Todesjahr eine Zusammenveranlagung der Ehegatten möglich war und wenn sie nicht im ganzen Todesjahr dauernd getrennt gelebt haben.

Kindergeld

Das Kindergeld ist kein Geschenk des Staates an Familien, sondern soll die verfassungsrechtlich gebotene Freistellung des Existenzminimums von Kindern sicherstellen. Es handelt sich um eine steuerliche Ausgleichszahlung.

→ Das Kindergeld beantragen

Ausgezahlt wird das Kindergeld über die Familienkassen, wo Sie es auch beantragen – das ist bis zu sechs Monate rückwirkend möglich. Meist sind die Familienkassen in der Arbeitsagentur eingegliedert, die das Geld dann auch auf Ihr Konto überweist. Die Antragsformulare finden Sie auch im Internet auf arbeitsagentur.de.

Das Kindergeld beträgt

- für die ersten beiden Kinder je 194 Euro im Monat, ab Juli 2019 204 Euro
- für das 3. Kind 200 Euro im Monat, ab Juli 2019 210 Euro
- ab dem 4. Kind 225 Euro im Monat, ab Juli 2019 235 Euro

Die Erhöhung des Kindergeldes zum 1. Juli 2019 kommt bei Familien und Alleinerziehenden, die Hartz IV oder Wohngeld beziehen, nicht an. Das Kindergeld wird voll als Einkommen angerechnet.

Kindergeld für volljährige Kinder

Bis zum 18. Geburtstag bekommen Eltern problemlos Kindergeld oder Steuerfreibeträge. Die Familienkasse zahlt das Geld bis einschließlich des Monats, in dem Ihr Kind 18 Jahre wird.

Unter bestimmten Bedingungen erhalten Sie das Kindergeld bis zum 25. Geburtstag weiter – nämlich wenn die erwachsenen Kinder studieren, eine Schulausbildung oder Lehre absolvieren oder arbeitssuchend gemeldet sind. Auch Auslandsjahre und Au-pair-Aufenthalte sowie ein Freiwilliges Soziales Jahr, Bundesfreiwilligendienst und zur Ausbildung gehörende Praktika verlängern den Anspruch.

Ob Sie Kindergeld erhalten oder nicht, kann enorme finanzielle Auswirkungen haben. Denn davon hängt der Bezug von anderen Sozialleistungen ab.

Förderung: Kindergeld für junge Erwachsene

Für volljährige Kinder bekommen Eltern unter folgenden Bedingungen weiter Kindergeld

Kinder bis 21 Jahre

Arbeitsuchend

Kind steht in keinem Beschäftigungsverhältnis oder hat nur einen Minijob und ist bei der Arbeitsagentur oder in einem anderen EU-/EWR-Staat als arbeitssuchend registriert oder bezieht in Deutschland Hartz IV.

Kinder bis 25 Jahre

Berufsausbildung/Schule/Studium

Nachwuchs geht zur Schule, absolviert Berufsausbildung oder Studium. Oder: Kind absolviert zweite Ausbildung, Zweitstudium oder Promotion und arbeitet maximal 20 Stunden pro Woche oder im Minijob.

Übergangszeit

Befindet sich das Kind für maximal vier Monate zwischen zwei Ausbildungsabschnitten, zum Beispiel Abitur und Studienbeginn, oder zwischen einem Ausbildungsabschnitt und einem freiwilligen Dienst, wird weiterhin Kindergeld gezahlt.

FSJ/FÖJ/Freiwillige Dienste

Kind leistet ein Freiwilliges Soziales Jahr (FSJ), Freiwilliges Ökologisches Jahr (FÖJ), Bundesfreiwilligendienst oder wird von der Bundeswehr ausgebildet, etwa als Rettungssanitäter oder zur Vorbereitung auf eine Offizierslaufbahn.

→ Wartezeit/Übergangszeit

Zwischen zwei Ausbildungsabschnitten dürfen bis zu vier Monate Übergangszeit liegen. Die Familienkassen müssen weiterhin zahlen, wenn das Kind nicht sofort einen Ausbildungs- oder Studienplatz findet – Voraussetzung dafür ist, dass es sich vielfach, nachweislich und ernsthaft beworben hat. Eine Bewerbung pro Monat reicht dafür nicht aus. Bewahren Sie also sicherheitshalber Belege für Bewerbungen und Vorstellungsgespräche auf.

Die Kindergeldkasse hält einen Vordruck für den Antrag auf die Übergangszeit bereit, der auch online abrufbar ist und den Sie zwingend ausfüllen müssen, um weiter Kindergeld zu beziehen. Diesen finden Sie auf der Seite der Bundesagentur für Arbeit arbeitsagentur.de unter dem Suchbegriff „Erklärung zu den Verhältnissen eines über 18 Jahre alten Kindes (KG 5d)".

Kinder bis 21 Jahre, die ihre Ausbildung bereits abgeschlossen haben und nun auf Jobsuche sind, fördert die Familienkasse ebenfalls, wenn sich das Kind bei der Agentur für Arbeit als arbeitssuchend meldet. In diesem Fall nehmen weder Familienkasse noch Finanzamt weitere Prüfungen vor. Ihr Kind sollte sich auch dann arbeitssuchend melden, wenn es schon eine Zusage für eine Stelle hat, um Ihnen das Kindergeld zu sichern.

Kinder über 25 Jahre

Ohne Ausbildungsplatz

Kind kann Berufsausbildung nicht aufnehmen oder fortsetzen, weil es keinen Platz bekam. Der Ausbildungswille ist nachzuweisen durch wiederholte Bewerbungen, Bescheinigung der Stiftung für Hochschulzulassung oder Registrierung bei der Arbeitsagentur.

Mit Behinderung

Sohn oder Tochter können wegen einer körperlichen, geistigen oder seelischen Behinderung, die vor dem 25. Lebensjahr eintrat, nicht selbst für ihren Unterhalt sorgen. Bei Behinderung vor 1. Januar 2007 liegt die Grenze bei 27 Jahren.

Wollen Schulabgänger für ein Praktikum oder als Au-pair ins Ausland, steht Ihnen das Kindergeld nur zu, wenn es während des Auslandsaufenthalts Sprachunterricht im Umfang von mindestens zehn Wochenstunden nimmt. Für ein Studium gilt diese feste Stundenvorgabe allerdings nicht – ein Student könnte auch nur fünf Stunden Vorlesung pro Woche belegen, da ein Studium nicht allein durch Vorlesungen geprägt ist.

Wenn Ihr Kind eine Ausbildungsvergütung bezieht oder während des Erst-Studiums jobbt, gefährdet dies nicht den Kindergeldanspruch, und zwar seit 2012 unabhängig davon, wie hoch der Verdienst ist.

Kompliziert wird es aber, wenn Ihr unter 25 Jahre altes Kind nach erfolgreichem Studien- oder Berufsabschluss eine weitere Berufsausbildung oder ein Zweitstudium beginnt und nebenbei arbeitet. Handelt es sich dabei nicht um ein duales Studium, in dem Ausbildung und Studium kombiniert werden, gibt es Kindergeld dann nur noch, wenn der Nachwuchs nicht mehr als 20 Stunden in der Woche regelmäßig jobbt. Diese Grenze darf nur für maximal zwei Monate überschritten werden, und das nur dann, wenn über das gesamte Jahr gesehen die Stundengrenze eingehalten wird. Ausnahme: Ihr Kind hat einen 450-Euro-Job oder befindet sich in einem Arbeitsverhältnis, das Bestandteil der Ausbildung ist.

Im Einzelnen muss der Bundesfinanzhof noch zahlreiche Fragen klären.

Keine Probleme mit der Stundengrenze gibt es, wenn die zweite Ausbildung/das zweite Studium auf dem ersten Abschluss aufbaut und sich unmittelbar anschließt und damit als Erstausbildung in Teilakten zu sehen ist. Das ist zum Beispiel unzweifelhaft bei einem Masterstudium der Fall, das sich an einen kurz vorher erworbenen Bachelorabschluss anschließt. Im Einzelnen muss hier allerdings der Bundesfinanzhof noch zahlreiche Fragen klären, etwa ob eine Erstausbildung auch dann noch als solche gilt, wenn die Hochschulreife erst über eine Berufsausbildung und daran anschließende Weiterbildung erlangt wurde oder das Kind nach einem Abschluss als Steuerfachangestellter eine Fortbildung mit dem Berufsziel Betriebswirt oder Bilanzbuchhalter antritt.

Hat Ihr Kind bereits einen Ausbildungs- oder Studienabschluss und tritt eine Zweitausbildung an, sollten Sie in jedem Fall Kindergeld beantragen.

Tipp: Hat Ihr Kind bereits einen Ausbildungs- oder Studienabschluss und tritt eine Zweitausbildung an, sollten Sie in jedem Fall Kindergeld beantragen. Lehnt die Familienkasse die Zahlung ab, sollten Sie dagegen Einspruch einlegen und unter Hinweis auf die zahlreichen beim Bundesfinanzhof anhängigen Revisionsverfahren zur Abgrenzung zwischen Erst- und Zweitausbildung Ruhen des Verfahrens beantragen.

Bei erwachsenen Kindern mit Behinderung gelten andere Regeln: Hier kann das Kindergeld, je nach Grad der Behinderung, über das 25. Lebensjahr hinaus zeitlich unbegrenzt gezahlt werden. Dafür muss die Behinderung so gravierend sein, dass das Kind nicht imstande ist, sich allein zu unterhalten. Diese Behinderung muss vor dem 25. Geburtstag eingetreten sein, aber die Unfähigkeit, sich selbst zu unterhalten, darf auch danach eingetreten sein.

Gut zu wissen

Unterhalt fürs Kind absetzen. Fällt das Kindergeld weg, können Sie für Kinder, die Sie finanziell unterstützen, Unterhalt absetzen, etwa wenn das Kind auswärts studiert. Das geht auch, wenn das Kind schon älter als 25 Jahre ist. 2019 dürfen Sie bis zu 9 168 Euro pro Jahr als außergewöhnliche Belastung absetzen, Kranken- und Pflegeversicherungsbeiträge kommen noch obendrauf. Hat Ihr Kind eigene Einkünfte oder Bezüge über 624 Euro im Jahr, mindert der übersteigende Betrag den Höchstbetrag.

Kinderfreibetrag

Eltern mit Anspruch auf Kindergeld können auch von einigen Freibeträgen profitieren. Der Kinderfreibetrag dient ebenso wie das Kindergeld der steuerlichen Freistellung des Existenzminimums von Kindern. Für viele Alleinerziehende bleibt es allerdings bei der Förderung durch Kindergeld. Sie kommen nicht in den Genuss des Freibetrags, weil ihr Einkommen nicht hoch genug ist, um ihn in Anspruch zu nehmen – erst ab einem relativ hohen Einkommen fällt die Steuerentlastung höher aus als das Kindergeld.

Ob Sie vom Freibetrag profitieren, rechnet das Finanzamt automatisch aus, wenn

Steuertipp. Bis zum 25. Lebensjahr bekommen Sie für Kinder, die auswärts leben und für die Sie Anspruch auf Kindergeld haben, zusätzlich 924 Euro Ausbildungsfreibetrag pro Jahr steuerlich gutgeschrieben. Die Einkünfte des Kindes spielen dabei keine Rolle.

Sie eine Steuererklärung einreichen. Im Steuerbescheid stellt das Finanzamt die „Günstigerprüfung“ an und prüft, ob das Kindergeld oder der Kinderfreibetrag für Sie günstiger ist. Übersteigt der Betrag, den Sie über den Kinderfreibetrag erhalten würden, das Kindergeld nicht, bleibt es beim Kindergeld. Wenn der Kinderfreibetrag für Sie günstiger ist als das Kindergeld, zieht das Finanzamt das Kindergeld vom Steuervorteil aus dem Kinderfreibetrag ab und schreibt Ihnen die Differenz gut.

Für jedes Kind, das bei ihnen lebt, haben Eltern Anspruch auf 7 620 Euro Freibetrag. Jedem Elternteil steht davon die Hälfte zu, also 3 810 Euro. Der Freibetrag setzt sich aus zwei Komponenten zusammen: Dem sächlichen Existenzminimum des Kindes von 2490 Euro (Kinderfreibetrag) und dem Freibetrag für den Betreuungs-, Erziehungs- und Ausbildungsbedarf von 1 320 Euro pro Elternteil (nicht pro Kind!).

Alleinerziehende haben grundsätzlich nur Anspruch auf ihre eigenen Freibeträge. Sind Sie allerdings verwitwet oder ist der Vater oder die Mutter des Kindes nicht auffindbar oder unbekannt, steht Ihnen der volle Freibetrag zu und auch das volle Kindergeld. Dies gilt allerdings nur, wenn Sie keinen Unterhaltsvorschuss für das Kind erhalten.

Unter den folgenden Voraussetzungen ist es möglich, sich den Kinderfreibetrag des Ex-Partners übertragen zu lassen:

- Der andere Elternteil ist nicht auffindbar oder nicht bekannt, oder
- der andere Elternteil kommt seinen Unterhaltspflichten zu weniger als 75 Prozent nach oder ist mangels eigenen Einkommens nicht unterhaltspflichtig.
- Und er/sie betreut das Kind überhaupt nicht oder nur in unwesentlichem Umfang (es findet kein regelmäßiger Umgang an den Wochenenden und in den Ferien statt).

Wird Ihnen der Kinderfreibetrag des anderen Elternteils übertragen, führt dies nicht automatisch zur Übertragung des Freibetrags für Betreuungs- und Erziehungs- oder Ausbildungsbedarf des anderen Elternteils. Sie sollten diese Freibeträge also gesondert beantragen.

Den vollen Betreuungsfreibetrag für ein minderjähriges Kind können Sie erhalten, wenn das Kind ausschließlich bei Ihnen ge-

Ob die Besteuerung Alleinerziehender in ihrer jetzigen Form verfassungsgemäß ist, wird momentan noch gerichtlich geklärt. Die alleinerziehende Steuerberaterin Reina Becker ist der Auffassung, dass der Ausschluss Alleinerziehender vom Ehegatten-Splitting eine Ungleichbehandlung Alleinerziehender zu ihrem Nachteil darstellt, und hat angekündigt, bis vor den Europäischen Gerichtshof zu ziehen, um eine gerechtere Besteuerung Alleinerziehender zu erwirken.

meldet ist und der andere Elternteil das Kind über das Jahr gesehen zu weniger als 10 Prozent betreut.

→ Nicht immer von Vorteil

Vorsicht: Die Übertragung des Kinderfreibetrags kann finanzielle Nachteile bei der Besteuerung mit sich bringen. Bei geringem Einkommen ist es oft günstiger, sich lediglich den Betreuungsfreibeitrag übertragen zu lassen. Deswegen sollten Sie sich unbedingt beraten lassen, bevor Sie sich den vollen Kinderfreibetrag übertragen lassen, auch wenn Ihnen dieser zusteht.

Kinderbetreuungskosten absetzen

Alleinerziehende können, wie andere Familien auch, die Kosten für Kinderbetreuung bis zu einer Höchstgrenze von 6000 Euro zu zwei Dritteln steuerlich absetzen. Damit sind 4000 Euro pro Kind und Jahr als Sonderausgaben abzugsfähig.

Absetzbar sind Kosten für gängige Betreuungsformen, solange sie vertraglich dokumentiert sind und der Geldfluss für das Finanzamt per Überweisung nachweisbar ist, zum Beispiel:

- Kita
- Krippe
- Hort
- Tagesmutter/Tagesvater
- private Kinderfrau/Kinderbetreuer im eigenen Haushalt
- Leihoma/Leihopa
- privater Babysitter
- Hausaufgabenbetreuung
- Internat (Kosten der Unterbringung nach Abzug der Verpflegungskosten)
- Au-pair (hälftige Kosten, der Rest kann bei haushaltsnahe Dienstleistung geltend gemacht werden, da ein Au-pair auch im Haushalt hilft)

Sie können auch Sachleistungen für die betreuenden Personen von der Steuer absetzen, also Fahrtgeld/Fahrkarten, Eintrittsentgelte, Unterbringung und Verpflegung.

Hilfe bei der Steuererklärung

Bei wechselnden Einkommensverhältnissen oder komplizierteren Fragen im Zusammenhang mit Kinderfreibeträgen, Absetzbarkeit von Kinderbetreuung oder einer Tätigkeit als Selbstständige kann einem die eigene Steuererklärung schon einmal über den Kopf wachsen. Selbstständige sollten sich dann einen Steuerberater suchen.

Arbeitnehmer, Rentner, Beamte, Auszubildende und Studierende können sich auch an einen Lohnsteuerhilfeverein wenden. Es gibt deutschlandweit ein dichtes Netz an Zweigstellen. Um in den Genuss dieser Dienstleistung zu kommen, müssen Sie meist nur eine niedrige einmalige Aufnahmegebühr entrichten (momentan beispielsweise 12 Euro) und je nach Ihrem Einkommen einen ebenfalls überschaubaren Jahresbeitrag bezahlen, der Sie wesentlich günstiger kommt als ein Steuerberater.

▶ **Beratungsstellen in Ihrer Nähe und weitere Informationen zur Vergütung bei Lohnsteuerhilfevereinen finden Sie auf steuerverbund.de.**

Fallstricke – Vorsicht, Kostenfalle

Mit der Freundin zusammenziehen, oder ein volljähriges Kind noch bei sich wohnen lassen – für Alleinerziehende kann das empfindliche finanzielle Nachteile bringen.

→ **Es fängt damit an,** dass die Krankenkasse nachfragt, ob die Voraussetzungen für die Familienversicherung noch vorhanden sind. Das tut sie zwar regelmäßig, auch bevor ein Kind 18 Jahre alt wird, aber mit dem Erreichen der Volljährigkeit bekommen diese Nachfragen ein anderes Gewicht. Ob sich ein Kind noch in Ausbildung befindet oder nicht, oder ob es bereits eigenes Geld verdient, führt zu direkten Auswirkungen auf Ihr Haushaltsbudget. Und auch, wenn ein neuer Partner bei Ihnen einzieht, ändert sich Ihr Status für das Finanzamt.

Aber keine Panik, auch wenn Ihr Kind Erwachsenenstatus hat, verlieren Sie nicht zwangsläufig das Recht, Steuerklasse 2 wählen zu dürfen oder für Ihr erwachsenes Kind weiter Wohngeld und andere Leistungen zu

30 SEKUNDEN FAKTEN

Nur wenige Alleinerziehenden betreuen drei und mehr Kinder:

68 %

der Alleinerziehenden leben **mit einem Kind** im Haushalt.

25 %

der Alleinerziehenden leben **mit zwei Kindern** im Haushalt.

7 %

der Alleinerziehenden leben **mit drei und mehr Kindern** im Haushalt.

Quelle: Statistisches Jahrbuch 2018; Zahlen von Mikrozensus 2017.

beziehen. Wichtig ist nur, dass Sie wissen, worum Sie sich kümmern müssen.

Wenn das älteste Kind 18 wird

Finanzamt und Staat gehen davon aus, dass Sie nicht mehr alleinerziehend sind und somit keine Steuererleichterungen mehr in Anspruch nehmen können, wenn Ihr Kind 18 Jahre alt wird. Das Kind wird dann als zweiter Erwachsener betrachtet, der zum Haushaltseinkommen beitragen und eventuell vorhandene jüngere Geschwister erziehen und betreuen kann.

In der Realität ändert sich natürlich mit dem 18. Geburtstag relativ wenig, wenn Ihr Kind gerade Abi macht oder eine Ausbildung oder ein freiwilliges soziales Jahr. Die wenigsten Kinder treten mit 18 Jahren sofort voll ins Berufsleben ein und stehen auf eigenen Füßen.

Das weiß auch der Gesetzgeber, und deswegen ändert sich für Eltern in etlichen Fällen bis zum 25. Geburtstag finanziell eigentlich nichts. Vereinfacht gesagt, bleibt alles wie vorher, solange Sie berechtigt sind, für Ihr Kind Kindergeld zu beziehen oder den Kinderfreibetrag in Anspruch zu nehmen. Die Voraussetzungen dafür müssen Sie natürlich belegen, zum Beispiel durch eine Schul- oder Studienbescheinigung. Außerdem muss das Kind bei Ihnen mit Haupt- oder Nebenwohnsitz gemeldet sein, aber dafür nicht tatsächlich bei Ihnen leben – so paradox das klingt. Ist das Kind bei beiden Elternteilen gemeldet, erhält derjenige den

Neues Glück.
Mit neuem Partner ändern sich die Voraussetzungen für etliche Leistungen. Der Anspruch auf Unterhalt fürs Kind aber bleibt.

Entlastungsbetrag, dem das Kindergeld gezahlt wird.

Wichtig: Genauso wie bei allen anderen Vergünstigungen, die Alleinerziehende betreffen, darf kein weiterer Erwachsener bei Ihnen im Haushalt wohnen, siehe unten.

Was die Krankenversicherung des nun volljährigen Kindes betrifft, kann es bis zur Vollendung des 23. Lebensjahres bei Ihnen in der gesetzlichen Krankenkasse kostenlos mitversichert bleiben, solange es nicht über 450 Euro im Monat verdient, selbst wenn es weder studiert noch eine Ausbildung oder ein Freiwilliges soziales Jahr macht. Ist es in Ausbildung oder absolviert es ein Studium, kann es die Familienversicherung bis zum 25. Geburtstag in Anspruch nehmen.

Besonderheiten mit neuem Partner

Sie haben ein neues Liebesglück gefunden? Wunderbar! Sobald Sie allerdings offiziell mit der neuen Liebe zusammenziehen, sind Sie steuerrechtlich nicht mehr alleinerziehend. Das gilt nur dann nicht, wenn der neue Partner nachweislich kein Einkommen hat oder er pflegebedürftig ist.

Sogar wenn Sie wieder heiraten, behält Ihr Kind den Anspruch auf Unterhalt.

Und falls Sie Hartz IV beziehen, werden Sie als Haushaltsgemeinschaft betrachtet, das Einkommen des Partners also einbezogen und die Sätze dementsprechend angepasst, wenn Sie zusammen wohnen. Gleiches gilt für den Bezug von Wohngeld oder anderen Transferleistungen.

Die gute Nachricht: Sogar wenn Sie wieder heiraten, behält Ihr Kind weiterhin den Anspruch auf Unterhalt vom Vater/von der Mutter. Und auch wenn Ihr Ex-Partner wieder heiratet, bleibt der Unterhaltsanspruch für gemeinsame Kinder bestehen.

Kinder mit Nebeneinkünften

Zeitung austragen, ein Job in der Gastronomie, Babysitten – das sind übliche Geldquellen für Schüler und Studierende, wenn sie das Alter erreicht haben, in dem sie einen Job ausüben dürfen. Das ist eine gute Sache, um erste Erfahrungen mit Erwerbsarbeit zu sammeln und ein Gespür dafür zu bekommen, welcher Beruf einem liegen könnte.

Wie viel Geld Ihr Kind verdient, kann aber Auswirkungen auf den Unterhalt haben, auf Ihren Wohngeldanspruch, Zahlungen vom JobCenter und sonstige Transferleistungen. Zu den Einkünften zählen übrigens auch solche aus Kapitalerträgen, also zum Beispiel festangelegtem Geld, Wertpapieren oder Hinterbliebenenrente.

„Eigenes Einkommen von Kindern führt immer dazu, dass sich ihr Unterhaltsanspruch gegenüber beiden Elternteilen verringert.

Bei Schülern gilt: Wenn die Nebeneinkünfte geringfügig sind und nur das Taschengeld erhöhen, bleiben sie anrechnungsfrei. Dies ist für Schüler und Studierende grundsätzlich bis zu 50 Tage im Jahr oder zwei Monate am Stück möglich, ohne dass Sozialabgaben fällig werden. Wenn Kinder in Hartz-IV-Bezug allerdings regelmäßig jobben oder der Ferienjob länger als vier Wochen dauert, dürfen sie beziehungsweise die Haushaltsgemeinschaft nur 100 Euro davon behalten. Und auch beim Wohngeldbezug wird das Einkommen von Kindern abgefragt und einbezogen.

Solange Studierende nicht mehr als 445 Euro im Monat (Stand 2019) verdienen oder einen Minijob mit maximal 450 Euro Lohn ausüben sowie unter 25 Jahre alt sind, können sie weiterhin in der Familienversicherung mitversichert werden und unterliegen auch nicht der Besteuerung. Insgesamt können Studierende pro Jahr maximal 9168 Euro (plus Werbekostenpauschale in Höhe von 1000 Euro) verdienen, ohne Steuern zu zahlen und den Anspruch auf Familienversicherung zu verlieren.

Wichtig für Sie als Elternteil: Eigenes Einkommen von Kindern führt immer dazu, dass sich ihr Unterhaltsanspruch gegenüber beiden Elternteilen verringert, egal, ob es sich um ein volljähriges oder ein minderjähriges Kind handelt. Das bedeutet für Sie als Alleinerziehende, dass Sie vom Kind verlangen können, sich an den Kosten für Essen, Miete, etc. zu beteiligen. Und für den barunterhaltspflichtigen Ex-Partner, dass er den Unterhalt kürzen darf. Bafög und Stipendien gelten übrigens nicht als Einkommen und sind steuerfrei.

Gemeinsamer Haushalt und Wohngemeinschaften

Eine Alleinerziehenden-WG oder einfach mit netten Menschen zusammen wohnen, das wäre für viele Alleinerziehende im Alltag sehr praktisch und allerbeste Prävention gegen Isolation. Wenn Sie das vorhaben, müssen Sie aber einige Punkte beachten, damit der Gesetzgeber nicht annimmt, dass Sie gemeinsam wirtschaften und eine Haushaltsgemeinschaft bilden. Davon geht der Staat nämlich automatisch aus, wenn bei Ihnen ein weiterer Erwachsener gemeldet ist, und sei es ein Großelternteil, eine Freundin oder ein guter Bekannter. Auch eigene, erwachsene Kinder werden hier genauso betrachtet, als seien sie ein Partner oder jemand Wildfremdes, solange Sie nicht nachweisen, dass Sie noch berechtigt sind, für das Kind Kindergeld zu beziehen oder den Kinderfreibetrag in Anspruch zu nehmen.

Es gilt das Prinzip, dass Sie den offiziellen Stellen, also Finanzamt, Wohngeldamt etc., das gemeinsame Haushalten glaubhaft widerlegen müssen: zum Beispiel durch eigene Wirtschaftsführung und einen Untermietvertrag. Nur dann bleiben Ihre spärlichen Steuervorteile als Alleinerziehende erhalten. Belegen Sie die separate Haushaltsführung nicht, werden Sie als Wirtschaftsgemeinschaft angesehen, und außerdem geht der Staat davon aus, dass der zweite Erwachsene sich in Kinderbetreuung und Erziehung einbringt.

Im Alter gut versorgt sein

Trotz knapper Kasse etwas für die Rente tun – das geht. Und falls Sie etwas mehr zurücklegen können, findet sich für jeden Geschmack die passende Anlageform. Wichtig ist, dass Sie mit dem Vorsorgen starten.

Jetzt schon an später denken? Ja, denn je früher Sie sich mit dem Thema befassen und je früher Sie beginnen, etwas beiseite zu legen, desto besser. Auch kleine Beträge können eine Menge bewirken, wenn Sie noch jung sind und viel Zeit ist bis zum Ruhestand.

Etwa 80 Prozent des letzten Nettoeinkommens sollte im Ruhestand monatlich zur Verfügung stehen, um gut über die Runden zu kommen, sagen Fachleute. Wie viel genau Sie im Alter brauchen, hängt natürlich von Ihren Lebensumständen ab, etwa, ob Sie in einer teuren oder einer billigen Wohnung leben, Sie zur Miete wohnen oder sich eigene vier Wände zulegen konnten.

Eines jedoch ist gewiss: Wenn schon der Durchschnittsverdiener, der 45 Jahre lang gearbeitet hat, als Rentner nur 48 Prozent des aktuellen Durchschnittsverdiensts (netto) über die gesetzliche Rente erzielen kann, dann reicht es nicht aus, sich allein auf die gesetzliche Rente zu verlassen.

Wenn Sie – wie die meisten Alleinerziehenden – wegen der Kinder beruflich längere Zeit ausgesetzt oder kürzer getreten haben, macht sich das auch auf Ihrem Rentenkonto bemerkbar. Umso wichtiger ist es, das

Beste aus der gesetzlichen Rente herauszuholen und früh mit der privaten Vorsorge zu starten. Gut, wenn Sie bereits mit dem Sparen begonnen haben! Wenn nicht, fragen Sie sich vielleicht, „Woher das Geld nehmen, wenn es doch ab dem 20. des Monats eng auf dem Konto wird? Und welche Art von Vorsorge ist machbar und sinnvoll?“

Wenn Sie zu den vielen Alleinerziehenden gehören, die mit sehr wenig Geld auskommen müssen, wäre es eine sehr verständliche Reaktion, wenn Sie den Kopf beim Gedanken an die Rente in den Sand stecken. Fatalismus ist aber keine Lösung. Und im Alter auf Grundsicherung angewiesen zu sein ist bestimmt nicht angenehm. Was also tun?

Starten Sie am besten mit einem Riester-Vertrag. Bereits 5 Euro monatlich genügen bei Geringverdienern, um die maximale Förderung zu erhalten. Je mehr Kinder Sie haben, desto mehr lohnt es sich (mehr siehe „Fürs Alter sparen mit Riester & Co.“, S. 111). Das ist ein Anfang. Wenn Sie wieder mehr Geld zur Verfügung haben, sollten Sie Ihre Vorsorge aufstocken.

Falls Sie nicht ganz so knapp bei Kasse sind, weil Sie einen festen Job haben, oder mit einer Selbstständigkeit ein Einkommen erzielen, das Sie auskömmlich ernährt, haben Sie mehr Möglichkeiten. Neben einem Riester-Vertrag kommen beispielsweise ETF für Sie infrage. Das ist eine spezielle Art von Investmentfonds. Sie eignen sich besonders für Anleger, die nicht viel Zeit haben, um sich mit ihrem Geld zu beschäftigen. Bei einem ETF-Sparplan können Sie mit 25 Euro monatlich einsteigen. Sie können den Sparplan aussetzen, wenn es einmal eng wird, und mehr einzahlen, wenn Sie mehr Geld zur Verfügung haben (mehr zu ETF „Private Altersvorsorge mit Fonds & Co.“, S. 117.)

Auch eine Betriebsrente kann sich lohnen, allerdings meist nur, wenn Ihr Chef einiges dazugibt. (Siehe „Betriebsrente richtig nutzen“, S. 122.)

Die Basis für die Versorgung im Alter dürfte aber für die meisten die gesetzliche Rente bilden.

→ Versorgungsausgleich

Nach einer Scheidung erfolgt ein Versorgungsausgleich – sofern Sie dies nicht in einem Ehevertrag ausgeschlossen hatten. Versorgungsausgleich bedeutet: Ansprüche auf Rente, Pension, Betriebsrente oder die Riester-Rente, die jeder Partner während der Ehe für sich erworben hat, werden untereinander ausgeglichen. Haben Sie während der Ehe weniger Ansprüche erworben, muss Ihnen der Ex-Partner einen entsprechenden Anteil seiner Ansprüche abtreten. Waren Sie die- oder derjenige, der besser verdient und mehr Ansprüche erworben hat, gilt das natürlich umgekehrt auch. Ausgezahlt werden die Ansprüche aber erst im Rentenalter.

Die jährliche Renteninformation richtig lesen

Einmal pro Jahr landet die Renteninformation in Ihrem Briefkasten. Kernstück sind drei Zahlen in einem Rahmen – was bedeuten sie im Klartext für Sie?

→ **Für Jüngere kommt es** darauf an, erst einmal mit dem Vorsorgen loszulegen. Wie sich ihr Berufsleben entwickelt und welche Rentenpunkte sie sich einmal erarbeiten, lässt sich noch schlecht vorhersagen. Sie können den folgenden Schritt auch vorerst überspringen und gleich bei den Riester-Verträgen ab S. 111 weiterlesen. Wichtig ist für Sie zu wissen: Je früher Sie starten, desto leichter ist es, die Rentenlücke zu schließen. Denn Sie haben noch viel Zeit bis zur Rente und profitieren vom Zinseszinseffekt. So lässt sich auch mit kleinen Beträgen viel erreichen. Aber auch für Jüngere gilt: Je mehr Sie zurücklegen können, desto besser.

Wenn Sie die 40 schon hinter sich gelassen haben, sollten Sie sich im ersten Schritt mit Ihrer Rentenlücke befassen, also der Summe, die Ihnen fehlt, um auf die erforderlichen 80 Prozent des letzten Nettolohns zu kommen.

Sie haben die Möglichkeit, Ihr Rentenkonto klären zu lassen – das bedeutet, dass Ihr Versicherungskonto auf Beitragszeiten geprüft wird und Sie für bestehende Lücken eventuell noch Belege nachreichen können. Manchmal fehlen nämlich Kindererziehungszeiten, Krankheits- oder Ausbildungszeiträume, und auch Auslandszeiten können je nach Land, in dem gearbeitet wurde, noch nachträglich anerkannt werden.

Falls Sie geschieden sind, ist Ihr Rentenkonto im Rahmen des Versorgungsausgleichs bereits geklärt worden, denn Rentenpunkte für die Zeit einer Ehe werden in der Regel geteilt. Und sollten Sie schon 43 Jahre

Gut zu wissen

Die Deutsche Rentenversicherung bietet für die Klärung des Rentenkontos sowohl Formulare als auch persönliche Beratung an: das kostenlose Servicetelefon erreichen Sie unter 0800/10004800, und im Internet finden Sie eine Liste von Beratungsstellen der Rentenversicherung in Ihrer Nähe.

alt sein, haben Sie von der Rentenversicherung automatisch einen aktuellen Versicherungsverlauf zur Kontenklärung zugeschickt bekommen. Für alle anderen gilt: Machen Sie sich schlau, wie es um Ihren Versicherungsverlauf steht.

Es wäre verlockend, einfach die höchste Zahl, die in der Renteninformation steht, als garantierte Rente zu verstehen. Aber wie auch im erklärenden Text des alljährlichen Schreibens steht, handelt es sich dabei nur um eine Projektion – eine Summe, die Ihre Rente sein könnte, wenn Sie wie in den vergangenen fünf Kalenderjahren weiterhin in die Rentenversicherung einzahlen würden. Und falls Sie bis zum Erreichen des Alters, ab dem Ihnen die Regelaltersrente zusteht, unvermindert weiter arbeiten und einzahlen. Bei allen, die 1964 oder später geboren sind, ist das mit 67 Jahren. Wer früher aufhören möchte zu arbeiten, muss Abschläge von seiner Rente in Kauf nehmen. Eine Ausnahme gibt es nur für diejenigen, die mindestens 45 Versicherungsjahre vorweisen können.

Gut zu wissen

Nach der Scheidung Rentenpunkte zurückbekommen. Falls Ihr ehemaliger Ehepartner verstirbt, erhalten Sie auf Antrag Rentenpunkte zurück, die Sie im Zuge der Scheidung mit Ihrem Ex-Partner teilen mussten. Dies geht aber nur, wenn der Ex-Partner selbst nicht schon länger als drei Jahre lang seine Rente bezogen hat. Erreicht der Ex-Partner das Rentenalter überhaupt nicht, werden Ihnen Ihre gesamten Punkte ebenfalls auf Antrag wieder aufs eigene Rentenkonto gutgeschrieben. Den Antrag dafür stellen Sie bei der Deutschen Rentenversicherung.
Sollten Sie erst Jahre später vom Tod des Ex-Partners erfahren, bestehen übrigens Regressansprüche gegen seine Erben, die Ihnen seinen Tod hätten mitteilen müssen.

So lesen Sie die Zahlen in der Renteninformation

Die oberste der drei Zahlen in der Renteninformation gibt Auskunft darüber, welche Summe Sie monatlich erhalten würden, wenn Sie jetzt gleich voll erwerbsunfähig würden oder Erziehungsrente bekämen.

Die mittlere gibt an, wie hoch Ihre monatliche Rente wäre, wenn Sie ab jetzt nichts mehr in die Rentenversicherung einzahlen würden, bis Sie das Rentenalter erreichen.

Die dritte Zahl rechnet hoch, wie viel Rente Sie monatlich bekämen, wenn Sie von jetzt an bis zum Erreichen des Rentenalters genauso viel in die Rentenkasse einzahlen wie in den letzten fünf Jahren.

Alle Angaben sind mit der Einschränkung „nach dem heutigen Stand“ zu verste-

Versicherungsnummer, Kennzeichen
09 040171 O 846, 4604, (000-00)

Deutsche Rentenversicherung
Bund

Abt. Versicherung und Rente

Reichsstr. 5, 07545 Gera
Postanschrift: 07497 Gera
Telefon 0800-100048070
Telefax 0365 85 56-74111
E-Mail
drv@drv-bund.de
Homepage
www.deutsche-rentenversicherung-bund.de

Deutsche Rentenversicherung Bund · 07497 Gera

Frau
Eva Musterfrau
Ruhrstr. 2
10709 Berlin

Datum 03.01.2019

Renteninformation 2019

Ihre Renteninformation

Sehr geehrte Frau Musterfrau,

in dieser Renteninformation haben wir die für Sie vom 01.09.1987 bis zum 31.12.2017 gespeicherten Daten und das geltende Rentenrecht berücksichtigt. Ihre **Regelaltersrente** würde am **01.02.2038** beginnen. Änderungen in Ihren persönlichen Verhältnissen und gesetzliche Änderungen können sich auf Ihre zu erwartende Rente auswirken. Bitte beachten Sie, dass von der Rente auch Kranken- und Pflegeversicherungsbeiträge sowie gegebenenfalls Steuern zu zahlen sind. Auf der Rückseite finden Sie zudem wichtige Erläuterungen und zusätzliche Informationen.

Rente wegen voller Erwerbsminderung
Wären Sie heute wegen gesundheitlicher Einschränkungen voll erwerbsgemindert, bekämen Sie von uns eine monatliche Rente von: **1.068,64 EUR**

Höhe Ihrer künftigen Regelaltersrente
Ihre bislang erreichte Rentenanwartschaft entspräche nach heutigem Stand einer monatlichen Rente von: **639,02 EUR**
Sollten bis zum Rentenbeginn Beiträge wie im Durchschnitt der letzten fünf Kalenderjahre gezahlt werden, bekämen Sie ohne Berücksichtigung von Rentenanpassungen von uns eine monatliche Rente von: **1.137,19 EUR**

Rentenanpassung
Aufgrund zukünftiger Rentenanpassungen kann die errechnete Rente in Höhe von 1.137,19 EUR tatsächlich höher ausfallen. Allerdings können auch wir die Entwicklung nicht vorhersehen. Deshalb haben wir - ohne Berücksichtigung des Kaufkraftverlustes - zwei mögliche Varianten für Sie gerechnet. Beträgt der jährliche Anpassungssatz 1 Prozent, so ergäbe sich eine monatliche Rente von etwa 1.370 EUR. Bei einem jährlichen Anpassungssatz von 2 Prozent ergäbe sich eine monatliche Rente von etwa 1.650 EUR.

Zusätzlicher Vorsorgebedarf
Da die Renten im Vergleich zu den Löhnen künftig geringer steigen werden und sich somit die spätere Lücke zwischen Rente und Erwerbseinkommen vergrößert, wird eine zusätzliche Absicherung für das Alter wichtiger ("Versorgungslücke"). Bei der ergänzenden Altersvorsorge sollten Sie - wie bei Ihrer zu erwartenden Rente - den Kaufkraftverlust beachten.

Mit freundlichen Grüßen

Ihre Deutsche Rentenversicherung
Bund

Bitte nehmen Sie diesen Beleg zu Ihren Rentenunterlagen.

hen. Es kann Rentenanpassungen geben, und auch das Alter, ab dem Sie in Rente gehen können, kann sich verändern. Wie gut Sie einmal von der prognostizierten Rente leben können, hängt außerdem davon ab, wie sich die Kaufkraft entwickelt und ob die Mieten weiter so stark ansteigen, wie sie das in den vergangenen Jahren taten.

Für alle, die in den letzten Jahren beruflich wegen der Kinder zurückgesteckt haben, gilt natürlich: Wenn Sie wieder mehr arbeiten können, weil die Kinder größer sind, oder wenn Sie dann voll ins Berufsleben zurückkehren, macht sich das auch auf Ihrem Rentenkonto bemerkbar. Sie sammeln mehr Rentenpunkte, und die Zahlen fallen sehr viel positiver aus, als sie das vielleicht heute tun.

Die Renteninformation gibt Ihnen also allenfalls eine grobe Orientierung, wie Sie im Alter finanziell dastehen werden. Wirklich aussagekräftig ist sie nur, wenn Sie die Zahlen in Ihrer Renteninformation mit dem aktuellen Grundsicherungssatz vergleichen – liegen Sie darüber, ist momentan alles halbwegs im grünen Bereich. Der Grundsicherungssatz liegt 2019 für einen alleinstehenden Erwachsenen bei 424 Euro plus angemessene Kosten für Unterkunft und Heizung, die wohnortabhängig sind und beim jeweiligen JobCenter erfragt werden können. Als Orientierung für den unteren Bedarf kann Ihnen das steuerliche Existenzminimum dienen, das 9168 Euro beträgt (Stand 2019), was 764 Euro pro Monat ausmacht.

Nicht vergessen sollten Sie auch, dass von der Rente später Steuern und Krankenversicherungsbeiträge abgehen. Allerdings gibt es bei der Steuer hohe Freibeträge und zahlreiche Abzugsmöglichkeiten, sodass die Steuerlast im Alter deutlich geringer ausfällt als im Berufsleben. Wer nur eine kleine Rente hat, muss oft keine Steuer abführen.

Freiwillig in die gesetzliche Rentenversicherung einzahlen

Auch wenn die Zahlen in Ihrer Renteninformation vielleicht (noch) nicht besonders hoch ausfallen, weil sie nicht so viele Rentenpunkte sammeln konnten: Die Renditeaussichten der gesetzlichen Rente können sich durchaus sehen lassen. Nach Modellrechnungen der Deutschen Rentenversicherung liegen sie langfristig bei 2 bis 3 Prozent. Andere sichere Anlageformen können da derzeit nicht mithalten. Falls Sie momentan nicht rentenversicherungspflichtig sind, weil Sie nicht angestellt arbeiten, könnte es daher sehr sinnvoll sein, freiwillig Rentenbeiträge in die gesetzliche Rentenversicherung zu entrichten.

Die eingezahlten Rentenbeiträge können Sie von der Steuer absetzen.

Mit einem Mindestbeitrag von 83,70 Euro im Monat bleibt Ihr Rentenkonto dann lückenlos, was wichtig ist für die Rentenanwartschaftszeiten. Der Höchstbetrag, den Sie monatlich einzahlen können, beträgt 1246,20 Euro (Stand 2019).

Wie viel Geld Sie freiwillig einzahlen, bleibt Ihnen überlassen. Wenn Sie den Mindestsatz einzahlen, erhöht das Ihre monatliche Rente nach derzeitigem Stand um etwa 4,50 Euro für jedes Jahr, in dem Sie ihn entrichten. Wenn Sie den Höchstbetrag zahlen, sind es monatlich etwa 66 Euro, die Sie später mehr auf dem Konto haben. Zahlen Sie diesen Betrag beispielsweise über fünf Jahre ein, bekommen Sie dafür nach heutigem Stand etwa 330 Euro Monatsrente ausgezahlt. Durch zukünftige Rentenerhöhungen wird es vermutlich mehr sein.

Würden Sie über 25 Jahre 200 Euro im Monat einzahlen, bekämen Sie dafür nach heutigem Stand etwa 266 Euro Rente.

Ein weiterer Vorteil: Die eingezahlten Rentenbeiträge können Sie von der Steuer absetzen.

→ Tipp für Minijobber

Üben Sie eine Beschäftigung aus, mit der Sie weniger als monatlich 450 Euro verdienen, können Sie sich von der Rentenversicherungspflicht befreien lassen. Das ist zwar verlockend, weil dann jeden Monat etwas mehr Nettoverdienst auf dem Gehaltszettel steht, aber langfristig unklug. Denn wenn Sie Rentenversicherungsbeiträge zahlen, haben Sie auch das Recht auf Riester-Förderung. Außerdem zählt Ihre Arbeit als Mindestversicherungszeit für einen späteren Rentenanspruch.

Gut zu wissen

Freiwillige Beiträge – wer informiert? Wer freiwillig Beiträge in die gesetzliche Rentenversicherung einzahlen möchte, kann dies per Antrag tun. Auf der Webseite der Deutschen Rentenversicherung finden Sie unter dem Suchbegriff V0060 ein Formular dafür. Weitere Infos erhalten Sie unter der kostenlosen Hotline der Deutschen Rentenversicherung unter 08 00/10 00 48 00, und es gibt auch die Möglichkeit, sich kostenlos persönlich in Ihrer Nähe beraten zu lassen.

Witwenrente, Halbwaisenrente, Erziehungsrente

Sind Sie alleinerziehend, weil Sie Witwe oder Witwer geworden sind, steht Ihnen meist eine Rente zu. Auch Kinder haben einen Anspruch auf Hinterbliebenenrente, wenn ein Elternteil stirbt.

Stirbt ein Elternteil, hat der Gesetzgeber einen finanziellen Ausgleich für die Hinterbliebenen vorgesehen, der aus unterschiedlichen Töpfen gespeist wird. Ob die gesetzliche Rentenversicherung, die Berufsgenossenschaft oder die Unfallkasse des Bundes zuständig ist, hängt davon ab, ob der Tod des Elternteils durch einen Arbeitsunfall oder eine Berufskrankheit eintrat oder ob dies nicht der Fall war.

Um einen Anspruch auf Hinterbliebenenrente aus der gesetzlichen Rentenversicherung zu haben, muss das Rentenkonto des Verstorbenen grundsätzlich fünf Jahre an Rentenzeiten aufweisen. Dazu zählten nicht nur Jahre, in denen er angestellt gearbeitet hat, sondern beispielsweise auch Kindererziehungszeiten oder ein Freiwilliges soziales Jahr.

Witwenrente

Wenn ein Elternteil verstirbt, kann der hinterbliebene Ehepartner oder eingetragene Lebenspartner eine Witwen- oder Witwerrente erhalten. Das Paar muss allerdings mindestens ein Jahr lang miteinander verheiratet gewesen sein – bei einem plötzlichen Unfalltod oder einem Todesfall durch eine unerwartete, schwere Krankheit gelten teils kürzere Fristen.

Wie hoch die Witwenrente ausfällt, hängt von den Rentenansprüchen des verstorbenen Partners ab. Für junge Familien bedeutet das in der Regel, dass der hinterbliebene Elternteil zeitlich unbegrenzt 55 Prozent der Rentenansprüche des Verstorbenen ausgezahlt bekommt. Diese „große Witwenrente" erhalten Familien mit Kindern unter 18 Jahren.

Sollten Sie noch unter das „alte Recht" fallen, beträgt die große Witwenrente 60 Prozent der Ansprüche. Das dürfte aber bei wenigen Alleinerziehenden der Fall sein. Ob für Sie altes oder neues Recht gilt, können Sie anhand der Grafik „Welche Witwenrente steht mir zu?" prüfen.

Wenn Ihr jüngstes Kind 18 Jahre alt wird, erhalten Sie die große Witwenrente in der Regel nur weiter, sofern Sie dann bereits eine bestimmte Altersgrenze erreicht haben. Im Jahr 2019 müssen Sie dafür mindestens 45 Jahre und 8 Monate alt sein. Diese Alters-

Welche Witwenrente steht mir zu?

Es hängt unter anderem vom Alter, dem Heirats- und Todesjahr ab, ob altes oder neues Recht gilt und wie hoch die Leistungen ausfallen.

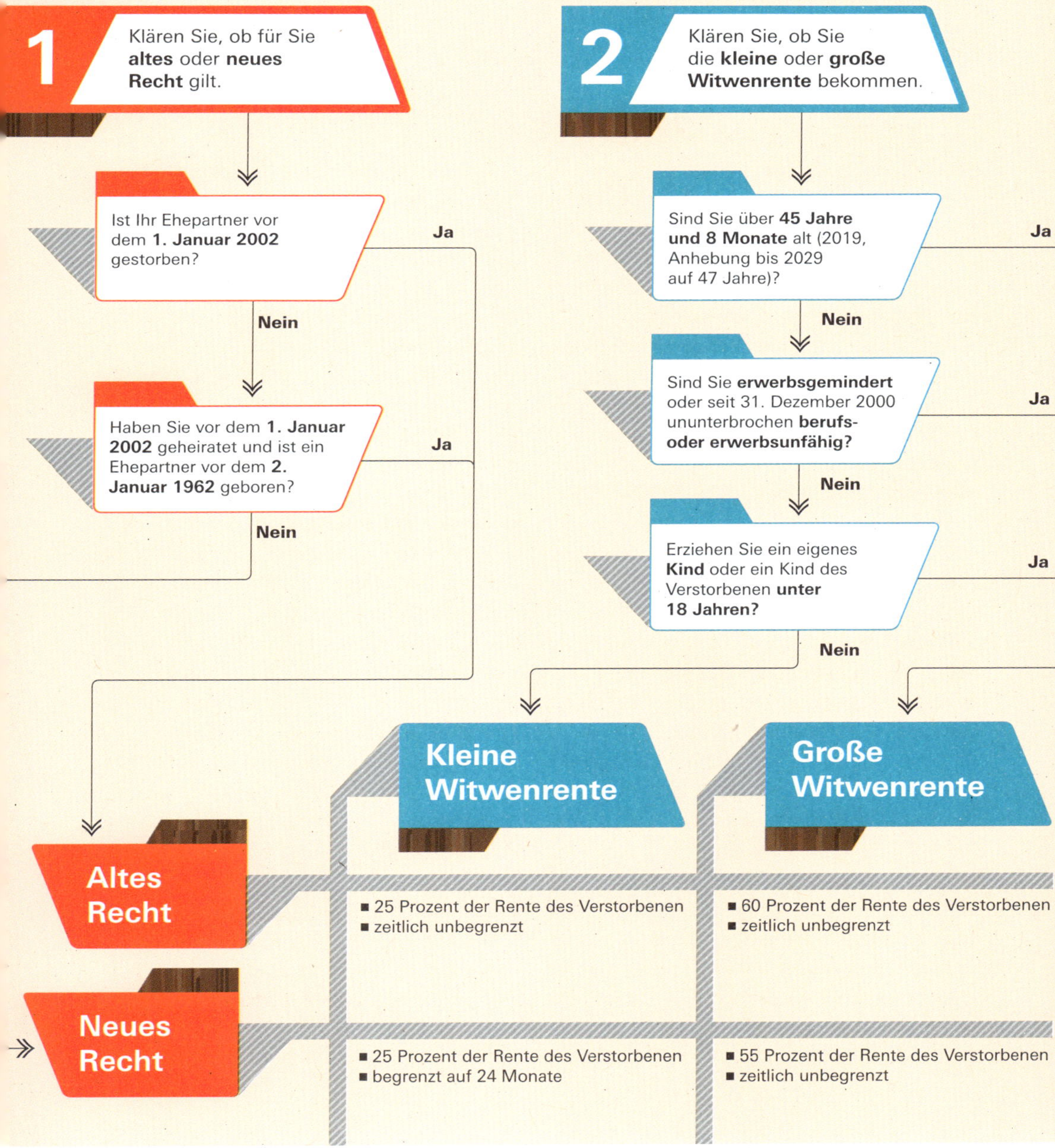

grenze steigt jedes Jahr. Im Jahr 2020 müssen Sie mindestens 45 Jahre und 9 Monate sein, 2021 sind es 45 Jahre und 10 Monate. Sind Sie noch jünger, können Sie ab dem Todeszeitpunkt noch zwei Jahre lang die kleine Witwenrente beziehen. Sie erhalten dann 25 Prozent der Rente, auf die Ihr Ehepartner zum Todeszeitpunkt Anspruch gehabt hätte (siehe Grafik „Welche Witwenrente steht mir zu?", S. 107).

Vorsicht: Bei einer Wiederheirat oder wenn Sie eine neue eingetragene Lebenspartnerschaft eingehen, verlieren Sie den Anspruch auf Witwenrente. Sie bekommen jedoch auf Antrag zwei Jahresbeiträge der Witwenrente als Abfindung ausgezahlt.

Nur während des „Sterbevierteljahrs", also in den ersten drei Monaten nach dem Tod des Versicherten, spielt die Höhe Ihres Einkommens keine Rolle. Danach müssen Sie eigene Einkünfte auf die Witwenrente in der Regel anrechnen lassen. Sie werden allerdings nicht komplett angerechnet, sondern nach einem komplizierten System.

Je nachdem, wie hoch Ihr Einkommen aus Erwerbsarbeit, Erwerbsersatzeinkommen und weiteren Posten wie Einkünften aus Vermögen ist, kann es sein, dass von Ihrem Anspruch auf Witwenrente wenig übrig bleibt. Dann kann es für Sie günstiger sein, momentan auf die große Witwenrente zu verzichten und stattdessen das sogenannte Rentensplitting zu beantragen. Beim Rentensplitting werden Ihnen die Hälfte der Rentenpunkte gutgeschrieben, die der ehemalige Partner im Laufe der Ehe erworben hat. Das heißt, das Rentensplitting hilft Ihnen nicht sofort, finanziell besser über die Runden zu kommen, sondern Sie bekommen dadurch später eine höhere Rente.

Verzichten Sie zugunsten des Rentensplittings auf die Witwenrente, können Sie allerdings unter bestimmten Voraussetzungen eine Erziehungsrente bekommen (siehe „Erziehungsrente für Eltern", S. 110), bis das jüngste Kind 18 wird. Das kann das Rentensplitting noch attraktiver machen, denn die Erziehungsrente wird auf Basis Ihrer eigenen Rentenansprüche ermittelt. Und diese erhöhen sich durch das Rentensplitting.

Allerdings müssen Sie bestimmte Voraussetzungen erfüllen, um überhaupt ein Rentensplitting beantragen zu können. Da die Details kompliziert sind, sollten Sie am besten mithilfe einer Rentenberatung klären, wie viel Witwenrente Sie nach Abzug Ihrer Einkünfte bekommen und ob das Rentensplittung und die Erziehungsrente in Ihrem Fall möglich und sinnvoll wären.

Eines sollten Sie dabei bedenken: Die Entscheidung für ein Rentensplitting können Sie nicht rückgängig machen. Wenn Sie also Ihren Job verlieren und keinen Anspruch auf Erziehungsrente haben, können Sie sich nicht umentscheiden und eine Witwenrente beziehen, anstatt die Rentenpunkte des verstorbenen Partners für Ihre eigene Altersrente einzusetzen. Informieren Sie sich daher gut. Sie müssen die Entscheidung nicht sofort treffen. Zwölf Monate haben Sie nach dem Tod des Partners Zeit dafür, den Antrag für ein Rentensplitting zu stellen. Stellen Sie aber in jedem Fall möglichst bald den Antrag auf Witwenrente, damit diese bis zum Zeitpunkt Ihrer Entscheidung fließt. Sie entfällt, sobald die Entscheidung über das Rentensplitting verbindlich wird.

→ Den Antrag stellen

Die Hinterbliebenenrente fließt nur auf Antrag. Sie brauchen dafür die Sterbeurkunde und die Heiratsurkunde beziehungsweise Beurkundung der eingetragenen Lebenspartnerschaft. Die Deutsche Rentenversicherung berät Sie dazu neutral und kostenlos. Sie vermittelt unter der Hotline 08 00/48 00 10 00 Beratungstermine. Alternativ beraten auch freie Rentenberater gegen Honorar – eventuell etwas motivierter, für Sie das Beste herauszuholen. Wie immer kommt es sehr darauf an, an wen man gerät. Sachbearbeiter und Berater kann man sich nicht aussuchen, freie Berater schon.

Halbwaisenrente für Kinder

Bis zu ihrem 18. Geburtstag haben auch Kinder, bei denen ein Elternteil verstorben ist, Anspruch auf gesetzliche Rente, und zwar in der Regel auf 10 Prozent der Rentenansprüche des Verstorbenen. Befinden sich die Kinder noch in Ausbildung oder absolvieren sie ein Freiwilliges soziales Jahr oder Bundesfreiwilligendienst kann die Rente auch bis zum 27. Geburtstag fließen. Ebenso wie beim Kindergeld gibt es für erwachsene Kinder eine viermonatige Übergangsfrist zwischen Ende der Schulausbildung und Anfang der Berufsausbildung/des Studiums (siehe „Kindergeld für volljährige Kinder", S. 87).

Sie können den Antrag auf Halbwaisenrente für Ihr Kind bis zu ein Jahr rückwirkend stellen. Ab dem Alter von 15 Jahren kann das Kind das auch selbst übernehmen. Ob Sie als Witwe/r wieder heiraten oder eine neue eingetragene Lebenspartnerschaft eingehen oder ob Sie überhaupt mit dem anderen Elternteil verheiratet waren, spielt für den Anspruch des Kindes auf Halbwaisenrente keine Rolle.

Wie für den Anspruch auf Witwenrente muss der Verstorbene aber grundsätzlich eine Rentenanwartschaft von fünf Jahren erworben haben.

Anspruch auf Halbwaisenrente haben:

- leibliche Kinder (ehelich und unehelich)
- Adoptivkinder
- Stief- und Pflegekinder, die zur Haushaltsgemeinschaft des Verstorbenen gehörten
- im Einzelfall auch Enkelkinder, die im Haushalt lebten

Die Kinder müssen allerdings einplanen, dass noch etwas von ihren eigentlichen Rentenansprüchen abgezogen wird, wenn der

Verstorbene noch nicht im Rentenalter war. Wie viel, hängt davon ab, wie lange es noch gedauert hätte, bis der Verstorbene das Alter für eine abschlagsfreie Rente erreicht hätte. Maximal werden 10,8 Prozent abgezogen.

Ob und wie viel eigenes Einkommen ein Kind erzielt, das Waisen- oder Halbwaisenrente erhält, ist seit 2015 auch für Kinder über 18 Jahren irrelevant. Es kann allerdings sein, dass Leistungen aus anderen Quellen, wie Bafög, dafür niedriger ausfallen: Übersteigt die Waisenrente 130 Euro, wird das Bafög gekürzt.

Bei diesen Leistungen wird Halbwaisenrente als Einkommen betrachtet:

- Wohngeld
- Bafög
- Hartz IV

Ebenso wie bei der Witwenrente können Ansprüche aus der gesetzlichen Unfallversicherung entstehen, wenn ein Elternteil durch einen Arbeitsunfall oder eine Berufskrankheit zu Tode kam.

Erziehungsrente für Eltern

Wenig bekannt ist, dass auch geschiedene Eltern oder getrennte Eltern, die in einer eingetragenen Lebenspartnerschaft lebten, einen Antrag auf Leistungen aus der Rentenversicherung stellen können, wenn der ehemalige Partner verstirbt. Unter bestimmten Umständen haben sie Anspruch auf Erziehungsrente. Diese ist als Unterhaltsersatz gedacht und soll es ermöglichen, sich der Erziehung eines Kindes unter 18 Jahren zu widmen. Für behinderte Kinder gibt es keine Altersgrenze. Das Kind muss nicht vom Verstorbenen sein.

Anders als die Witwen- oder Waisenrente ist die Erziehungsrente eine Leistung Ihres eigenen Rentenkontos. Deswegen müssen Sie die fünf Jahre Rentenanwartschaft selbst vorweisen können.

Haben Sie Anspruch auf mehrere Arten von Rente, wird Ihnen diejenige ausgezahlt, die am höchsten ist – Sie können also nicht Witwenrente und Erziehungsrente gleichzeitig erhalten.

Bei einer Wiederheirat oder einer neuen eingetragenen Lebenspartnerschaft erlischt Ihr Anspruch auf Erziehungsrente. Die Erziehungsrente ist exakt so hoch wie die für volle Erwerbsminderung, und Sie können sie auf der jährlichen Renteninformation ablesen.

Eigenes Einkommen wird auf die Erziehungsrente nach den gleichen Sätzen wie bei der Witwenrente angerechnet.

Fürs Alter sparen mit Riester & Co.

Für Alleinerziehende ist Riestern eine sehr attraktive Anlageform, weil der Staat pro Kind eine ansehnliche Förderung zuschießt.

Riestern ist in den letzten Jahren etwas in Verruf geraten. Manche Kritik ist auch durchaus berechtigt. Aber besonders für alle, die nicht viel Geld, aber Kinder haben, ist Riestern immer noch eine sehr gute Anlage fürs Alter. Je mehr Kinder Sie haben, desto lohnenswerter ist ein Riester-Vertrag. Beginnen können Sie schon mit kleinen Summen. 60 Euro pro Jahr ist die Mindestsumme, die Sie übrig haben müssen. Das ist für die meisten Haushalte nun wirklich zu schaffen.

Ein weiterer Vorteil von Riester-Produkten: Anders als bei Geld, das Sie ohne staatliche Hilfe ansparen, wird das Ersparte später nicht komplett auf die Grundsicherung angerechnet. Derzeit gibt es einen Freibetrag von 100 Euro im Monat. Von darüber hinausgehenden Einnahmen dürfen die Sparer 30 Prozent behalten, bis maximal 212 Euro erreicht sind (Stand 2019). Dieser Betrag steigt jährlich. Falls Sie Sorge haben, später eventuell auf Grundsicherung angewiesen zu sein, ist ein Riester-Vertrag gegenüber anderen Geldanlageprodukten also eindeutig im Vorteil.

Wie funktioniert Riestern?

Bei Riester gilt: Je mehr Kinder Sie haben, desto besser. Pro Kind, das nach 2008 geboren ist, gibt der Staat jährlich bis zu 300 Euro dazu; für davor geborene Kinder spendiert der Staat bis zu 185 Euro Kinderzulage pro Jahr. Obendrein gibt's jährlich noch bis

Ihre Einlagen können vererbt werden, falls Sie als Riester-Sparer vor dem Erreichen des Rentenalters sterben, die Zulagen allerdings nicht. Und auch die Steuervorteile müssen die Erben zurückzahlen. Eine Ausnahme gibt es nur für verheiratete Riester-Sparer. Der Hinterbliebene kann das Kapital auf einen eigenen Riester-Vertrag übertragen.

zu 175 Euro für denjenigen, der spart. Eine Mutter mit zwei Kindern kann so jährlich 775 Euro vom Staat geschenkt bekommen, wenn sie einen Riester-Vertrag hat und eine ausreichend hohe Summe einzahlt.

Bei geringem Einkommen reicht es, jährlich 60 Euro fürs Riestern zurückzulegen, um von den vollen Zulagen zu profitieren. Anspruch auf die Zulagen für Kinder haben Sie übrigens auch noch, wenn das Kind schon 18 Jahre alt ist, solange Sie weiterhin berechtigt sind, Kindergeld zu beziehen.

Für Besserverdienende mit nur einem Kind ist die Förderung über Steuerersparnis meist lohnender als die Zulagen. Bis zu 2160 Euro im Jahr erkennt das Finanzamt bei Alleinerziehenden als Sonderausgaben an. Je höher der Steuersatz, desto attraktiver für den Sparer. Um von der Steuerersparnis zu profitieren, ist eine Steuererklärung ein Muss.

Allerdings kann nicht jeder riestern. In den Genuss der staatlichen Förderung kommen alle Arbeitnehmer mit einer sozialversicherungspflichtigen Beschäftigung sowie Eltern in Elternzeit und Selbstständige, die in der Künstlersozialkasse versichert sind. Auch Minijobber können riestern, wenn sie den Beitrag des Arbeitgebers selbst übernehmen – das bedeutet, dass Sie sich nicht von der Rentenversicherungspflicht befreien lassen sollten, falls Sie einen Minijob ausüben und mit Riester vorsorgen möchten.

Waren Sie verheiratet und selbst nicht förderberechtigt, haben Sie vielleicht als „indirekt Förderberechtigte“ einen Riester-Vertrag über Ihren Ehepartner abgeschlossen. In diesem Fall verlieren Sie mit Ablauf des Trennungsjahres Ihre Zulagenberechtigung. Erhaltene Zulagen können Sie aber behalten und den Vertrag ohne Förderung weiterführen oder ihn ruhen lassen.

Voraussetzung für die vollen Riester-Zuzahlungen vom Staat ist, dass Sie jedes Jahr 4 Prozent des letzten rentenversicherungspflichtigen Jahreseinkommens (brutto) in Ihren Riester-Vertrag einzahlen. Das ist bei Angestellten meist das Bruttoeinkommen. Dabei zählen die staatlichen Zulagen mit, weswegen Sie auch mit sehr wenig Geld schon anfangen können, zu riestern.

Beispiel: Lena verdient 22 000 Euro im Jahr und hat zwei kleine Kinder. 4 Prozent ihres Bruttogehaltes sind 880 Euro. Für ihre Kinder und sich bekommt sie 775 Euro an staatlichen Zulagen. Diese kann sie von den 880 Euro Eigenbeitrag abziehen. Damit muss sie 105 Euro im Jahr in den Vertrag einzahlen, um 775 Euro vom Staat dazuzubekommen.

Die staatlichen Zuschüsse sollten Sie sich nicht entgehen lassen. Wenn Sie nur weniger als den geforderten Satz einzahlen können, erhalten Sie die Zulagen nur anteilig. Natürlich fällt auch die Rente geringer aus, wenn Sie weniger einzahlen. Aber auch eine geringe Rente ist besser als keine.

Elterngeld zählt für die Errechnung des Eigenanteils nicht mit. Sollten Sie im vergangenen Jahr noch ein paar Monate Elterngeld bezogen haben und danach in Teilzeit oder im Minijob gearbeitet haben, zählt nur der Verdienst aus dem Teilzeitjob für die Ermittlung des Eigenanteils – somit stehen auch ohne hohes Einkommen die Chancen gut, sämtliche staatlichen Zulagen erhalten zu können.

→ Riester auf Eis legen

Falls Sie finanziell gerade nicht in der Lage sind, den Riester-Vertrag zu bedienen, oder mit dem Verlauf Ihres Riester-Sparplans unzufrieden sind, können Sie den Vertrag ruhen lassen. Das ist immer besser, als ihn sich auszahlen zu lassen, weil Sie dann die Zulagen komplett zurückgeben müssen. Alternativ haben Sie das Recht, Ihr geriestertes Kapital inklusive staatlicher Zulagen zu einem anderen Anbieter mitzunehmen, der bessere Konditionen anbietet. Dabei können aber Gebühren anfallen.

Den passenden Riester-Vertrag finden

Alle Riester-Produkte werden im Alter als monatliche Rente ausgezahlt. Zu Beginn der Auszahlungsphase können Sie bis zu 30 Prozent des erreichten Kapitals auf einmal entnehmen, wodurch Ihre monatliche Auszahlungssumme der restlichen Rente natürlich deutlich sinkt. Außerdem zahlen Sie für das Auszahlungsjahr spürbar höhere Steuern.

Gut zu wissen

Welche Riester-Produkte kommen in welcher Lebenssituation infrage? Welche haben am besten abgeschnitten? Die aktuellen Testergebnisse finden Sie unter test.de/riester. Mehr lesen Sie außerdem auf der Seite des Bundesarbeitsministeriums: bmas.de (Rubrik „Themen“, dann „Rente“ und „zusätzliche Altersvorsorge“).

Welche Art von Riester-Sparen für Sie die passende ist, hängt von Ihrer Lebenssituation und Ihren Zukunftsplänen ab. Angeboten werden diese vier Varianten:

- Riester-Rentenversicherungen/-Fondspolicen
- Riester-Bausparen/Wohn-Riester/-Darlehen
- Riester-Banksparpläne
- Riester-Fondssparpläne

Vor allem für jüngere Riester-Sparer sind Fondssparpläne die erste Wahl. Mit ihnen haben sie die besten Renditeaussichten, denn mit den Fonds investieren sie an der Börse. Fonds können in guten Börsenzeiten stark zulegen, in schlechten Börsenzeiten aber auch ins Minus rutschen. Je länger Sie noch bis zur Rente haben, desto unwahrscheinlicher ist es, dass die Fonds am Ende

30 SEKUNDEN FAKTEN

16,6 MILLIONEN

Riester-Verträge gab es Ende 2018. Das sind 25 000 weniger als Ende 2017.

10,8 MILLIONEN

Verträge für eine Riester-Rentenversicherung gibt es. Die Zahl geht seit einigen Jahren zurück.

25 %

der Riester-Verträge ruhen nach Schätzungen des Bundesministeriums für Arbeit. Hier werden derzeit keine weiteren Beiträge eingezahlt.

Quelle: Bundesministerium für Arbeit; Stand: 14. Dezember 2018

im Minus liegen. Bislang hatte die Börse selbst schlimme Crashs nach zehn Jahren wieder ausgebügelt.

Das Gute an Riester-Fondssparplänen: Sie sind bequem, und Ihre eingezahlten Beiträge sowie die staatliche Förderung sind auch sicher, falls der Fonds zum Beginn der Auszahlungsphase – also zu Rentenbeginn – im Minus sein sollte. Der Anbieter muss hier also quasi eine Ausfallgarantie übernehmen. Das macht Riester-Fondssparpläne deutlich sicherer als Fondssparpläne ohne staatliche Förderung. Durch die Zulagen und die Ausfallgarantie erwirtschaften Sie auch dann ein Plus, wenn es an der Börse ganz schlecht läuft und die Fonds komplett abstürzen – was aber unwahrscheinlich ist.

Neben Riester-Fondssparplänen gibt es Riester-Fondspolicen. Bei ihnen fließt nur ein Teil der Anlagegelder in Fonds. Sie sind eine Art Zwischending zwischen einem Fondssparplan und einer Rentenversicherung. Man spricht auch von einer fondsgebundenen Rentenversicherung. Eine Fondspolice sollten Sie nur in Erwägung ziehen, wenn Sie sich für Geldanlage interessieren und sich aktiv um die Auswahl der Fonds kümmern möchten.

Wer nicht zu Riester-Fondssparplänen greifen möchte, muss auf Renditechancen verzichten. Bis vor ein paar Jahren waren Riester-Banksparpläne das ideale Produkt für alle, die nicht in Fonds sparen wollten. Durch die Minizinsen sind sie aber fast vom Markt verschwunden. Jetzt bleiben vor allem Rentenversicherungen als Alternative. Hier fallen beim Vertragsabschluss teils enorme Abschlusskosten an. Deshalb sollte man sie besser nicht vorzeitig kündigen müssen, sondern bis zum Ende durchhalten. Die Verzinsung des Vertrags ist zwar mager, aber die Rendite wird wie bei allen Riester-Verträgen durch die staatliche Förderung ordentlich aufgepeppt.

Ein Riester-Bausparvertrag bietet sich nur für den Fall an, dass Sie tatsächlich planen, eine Immobilie zu erwerben. Der große Vorteil des Wohn-Riesterns ist, dass Sie jederzeit Ihr Guthaben entnehmen können, wenn Sie eine Immobilie kaufen wollen. Dieses Wohneigentum können Sie auch per Riester-Darlehen erstehen, wenn Ihr Darlehen bis zum Erreichen des Rentenalters abbezahlt werden kann. Außerdem wird noch ein Riester-Kombikredit angeboten, der aus einer Kombination von Bausparvertrag und Darlehen besteht.

Wenn Ihnen nicht egal ist, in welche Kapitalanlagen Ihre Beiträge für die Riester-Rente fließen, eignen sich spezielle Riester-Fonds, die ethischen Ausschlusskriterien genügen. So verzichten einige Anbieter auf Anlage in Atomkraft, geächtete Waffen, Kinderarbeit, fossile Brennstoffe, Glücksspiel und Pornografie oder den Kauf bestimmter Staatsanleihen.

▶ **Mehr zu Ökofonds finden Sie unter test.de/thema/oekofonds/tests.**

Gut zu wissen

Riester-Anbieter wechseln. Der Gesetzgeber sieht ausdrücklich vor, dass Sie nicht an den Anbieter gebunden sind, für den Sie sich entschieden haben. Falls Sie nach einer Weile unzufrieden mit dem Verlauf Ihres Riester-Produkts sind, haben Sie das Recht, Ihre Ersparnisse abzuziehen und bei einem anderen Anbieter anzulegen – dies gilt auch für Riester-Rentenversicherungen. Der Übertrag von Riester-Vermögen ist allerdings nicht immer kostenfrei. Sollte der Vertrag zum Zeitpunkt des Wechsels im Minus sein, ist es klüger, den alten Vertrag ruhen zu lassen und einen neuen abzuschließen. Dann muss der Anbieter des alten Vertrags das Minus bei Rentenbeginn ausgleichen.

Rürup-Rente für Selbstständige

Anders als bei der Riester-Rente, für die es Steuervorteile plus staatliche Zulagen gibt, wird bei der Rürup-Rente ausschließlich steuerlich gefördert. Das ist vor allem für Selbstständige und Freiberufler eine Option, die sonst kaum steuerbegünstigt Geld fürs Alter zurücklegen können. Alleinstehende haben im Jahr 2019 die Möglichkeit, bis zu 24305 Euro pro Jahr als Sonderabga-

Was, wo, wie viel?
Je nach Lebenssituation eignen sich unterschiedliche Anlageformen. Frühzeitig mit Sparen anfangen ist die Devise!

ben ansetzen, wovon wiederum 88 Prozent steuerlich absetzbar sind. Am meisten von den Steuervorteilen profitieren allerdings Gutverdiener. Für die überwiegende Zahl der Alleinerziehenden ist sie daher eher nicht geeignet.

Im Angebot sind klassische Rürup-Varianten oder fondsgebundene. Bei den fondsgebundenen Rürup-Policen tragen Sie als Kunde das Risiko, wenn sich die Fonds schlecht entwickeln. Anders als bei den Riester-Verträgen gibt es keinerlei Garantie darauf, zumindest die eingezahlte Summe wiederzubekommen. Sie können also auch Verluste mit dem Rürup-Fonds machen, die über die reine Inflation hinausgehen.

Bei der klassischen Rürup-Variante hingegen können Sie sich auf garantierte Zinsen verlassen. Vergleichen Sie deswegen vor dem Abschluss eines Vertrags unbedingt die Höhe der garantierten Rente, die die Anbieter angeben.

Wie hoch Ihre Rente am Ende dann wirklich ausfällt, hängt davon ab, wie erfolgreich der Versicherer gewirtschaftet hat. Hat er Überschüsse erzielt, wird mehr ausgezahlt, als Ihnen garantiert wurde.

Haben Sie mal mehr, mal weniger Geld übrig fürs Rürup-Sparen, ist es ratsam, mit niedrigen Beiträgen anzufangen. Suchen Sie sich ein Angebot, bei dem zusätzliche Einzahlungen erlaubt sind, damit Sie höhere Summen einzahlen können, wenn Sie es sich leisten können.

Alles in allem ist die Rürup-Rente aber ausgesprochen unflexibel. Vor Laufzeitende kommen Sie nicht an Ihr Geld heran. Sie ist nur etwas für Sparer, die fest davon ausgehen können, regelmäßig bis zum Erreichen des Rentenalters einen bestimmten Beitrag leisten zu können.

▶ **Mehr zur Rürup-Rente und den Angeboten finden Sie unter test.de/ruerup.**

Private Altersvorsorge mit Fonds & Co.

Flexibel, langfristig erfreuliche Renditen versprechend und einfach anzulegen – Fonds sind eine gute Ergänzung für Ihre Altersvorsorge.

Viele glauben, bei Investmentfonds (kurz Fonds) handele es sich um eine komplizierte Anlageform, für die man Fachwissen haben müsse, und am Ende stehe man vielleicht sogar ohne Geld da. Dabei verhält es sich im Gegenteil so, dass Fonds sehr flexibel sind, gute Renditechancen bieten, und es nicht schwierig ist, sich welche anzulegen. Vor allem, wenn Fonds für Sie Neuland sind, sollten Sie aber ein paar Dinge beachten. Es gibt ein breites Spektrum an Fonds. Nicht jeder Fonds ist für die Altersvorsorge geeignet.

Ganz wichtig: Fonds sind etwas für die langfristige Anlage. Zwar können Sie prinzipiell das Geld täglich aus dem Fonds abziehen. Aber es kann sein, dass es gerade Turbulenzen an der Börse gab und dieser dann im Minus ist. Sollten Sie schnell an Ihr Geld müssen, um eine größere Anschaffung zu tätigen, kann es daher durchaus vorkommen, dass Sie weniger Geld zurückbekommen, als sie investiert haben. Deshalb eignen sich Fonds nicht, um für kurzfristige Ziele zu sparen. Auf lange Sicht waren Aktienfonds aber bisher immer deutlich im Plus. Daher sind sie für die Altersvorsorge ideal. Ein Fonds ist also etwas für Anleger mit Langmut und einem gewissen finanziellen Spielraum.

Einer ihrer großen Vorteile: Fonds bieten viel Flexibilität. Sie können so viel Geld zurücklegen, wie Sie gerade übrig haben. Sie können einmalig einen größeren Betrag anlegen oder einen Sparplan abschließen. Sparpläne können Sie sehr flexibel handhaben und auch mal mehr oder weniger einzahlen oder mit den Raten aussetzen. Auch brauchen Sie dafür keine großen Summen. Die Mindestrate bei Fondssparplänen beträgt 25 Euro im Monat. Möchten Sie weniger sparen, können Sie bei vielen Anbietern auch auf vierteljährliche Raten umsteigen.

Um sich einen Fonds zuzulegen, brauchen Sie ein Depot, das bei Direktbanken meist kostenlos ist. Direktbanken sind nur über Telefon oder Internet erreichbar und haben keine Filialen. Meist funktioniert die Depoteröffnung auf der Homepage der Bank über den Pfad „Wertpapiere", „Fonds", und dann je nach Fondsart zum Beispiel „ETF" oder „Sparplan". Normalerweise gehören zu den Unterlagen neben Anträgen für die Depoteröffnung auch ein Freistellungsauftrag für die Steuer und das Formular für die Legitimation.

Als Neukunde müssen Sie sich noch per Post-Identverfahren oder Video-Identverfahren verifizieren lassen, also Ihre persönlichen Daten durch Ihren Ausweis belegen. Dafür können Sie eine Postfiliale aufsuchen oder aber sich bequem von Zuhause aus via Computer- oder Handykamera ausweisen.

Die richtigen Fonds finden

Aber in welche Fonds investieren? Es gibt viele verschiedene Arten von Fonds. Für die Altersvorsorge geeignet sind vor allem Aktienfonds, also Fonds, die in Aktien von Unternehmen investieren. Je breiter ein solcher Fonds die Kundengelder anlegt, desto weniger riskant ist er. Deshalb ist es sinnvoll, für die Altersvorsorge Fonds zu wählen, die in sehr viele unterschiedliche Aktien investieren – möglichst weltweit oder zumindest europaweit.

Eine spezielle Form von Aktienfonds sind Aktien-ETF. Die Abkürzung ETF steht für Exchange Traded Fund (börsengehandelter Fonds). Sie sind für Einsteiger besonders bequem. Anders als bei anderen Fonds entscheidet hier nicht ein Team von Managern, welche Aktien der Fonds kauft. Vielmehr kopieren sie einen Index, weshalb man auch von Indexfonds spricht.

Ein Index wäre zum Beispiel der Dax, der deutschen Aktienindex. Das ist der Börsenindex, in dem die 30 größten deutschen Unternehmen gelistet sind. Ein ETF auf den Dax kauft also vereinfacht gesagt die Aktien der 30 größten deutschen Unternehmen. Das hat den Vorteil, dass Anleger nicht vom Können eines Managerteams abhängig sind, sondern sich der ETF einfach entwickelt wie der Dax. ETF müssen Sie daher weniger stark kontrollieren als gemanagte Fonds. Sie können sich zurücklehnen und sie laufen lassen – ideal für Einsteiger.

Allerdings sollten Sie keinen ETF auf den Dax wählen, sondern am besten einen ETF auf einen weltweit streuenden Index wie den MSCI-World-Index, in dem über 1600 Unternehmen aus aller Welt gelistet sind. Die breitere Streuung verringert das Risiko.

ETF haben einen weiteren Vorteil: Sie sind deutlich kostengünstiger als gemanag-

Gut zu wissen

Besteuerung von Erträgen Auf Ihre Kursgewinne aus Fonds zahlen Sie im Moment des Verkaufs 25 Prozent Abgeltungsteuer plus Solidaritätszuschlag und gegebenenfalls Kirchensteuer. Nur der im Freistellungsauftrag enthaltene Freibetrag in Höhe von 801 Euro pro Jahr bei Singles bleibt davon unberührt, wenn Sie ihn gestellt haben.

Jeder Fonds hat eine Isin. Ähnlich wie bei Büchern sind auch Fonds durch Nummern eindeutig identifizierbar. Eine Isin sieht beispielsweise so aus: Isin LU 027 420 869 2 oder FR 001 075 609 8, sie besteht also aus einer Kombination von Buchstaben und Zahlen. Es ist eine Art Bestellnummer des Fonds.

te Fonds. Während die Banken bei gemanagten Fonds meist 5 Prozent Ausgabeaufschlag – eine Art Kaufgebühr – verlangen, bekommen Sie ETF bei Direktbanken sehr preiswert (häufig zahlen Sie 0,25 Prozent und einen Mindestpreis von 10 Euro). Der Kauf über die Filialbank ist meist teurer. Mehr als 1 Prozent des Kaufpreises sollte die Bank aber auch dort nicht verlangen. Am günstigsten erhalten Sie Aktien-ETF-Sparpläne bei Direktbanken wie der comdirekt bank oder der Consorsbank.

Pantoffel-Sparplan: So bequem wie Pantoffeln

Für ETF-Einsteiger und bequeme Sparer hat Finanztest das „Pantoffel-Portfolio" entwickelt. Es heißt so, weil es mit minimalem Aufwand versehen ist. In seiner einfachsten Variante genügen zwei Komponenten: Ein Aktien-ETF und ein Sicherheitsbaustein aus Zinsanlagen. Der Aktien-ETF sorgt für die Renditechancen, die Zinsanlagen für größtmögliche Sicherheit. Sparern, die es besonders sicher lieben, legt Finanztest eine defensive Mischung von 25 Prozent Aktien-ETF zu 75 Prozent Zinsanlagen ans Herz, und solchen, die etwas risikobereiter sind, die ausgewogene Mischung von 50 zu 50.

Derzeit ist es am besten, für den Sicherheitsbaustein Tagesgeld zu wählen – auch wenn die Zinsen mager sind. Ein Tagesgeldkonto ist sehr flexibel. Sie können jederzeit Geld einzahlen oder abheben. Die besten Tagesgeldangebote finden Sie gegen eine geringe Gebühr unter test.de/tagesgeld.

Bei den Aktien-ETF ist es wichtig, dass Sie nicht irgendwelche Fonds wählen, sondern solche, die Finanztest jeweils aktuell empfiehlt. Welche das sind, sehen Sie im Kasten „Das Pantoffel-Portfolio", S. 121.

Um regelmäßig fürs Alter zu sparen, ist es am einfachsten, wenn Sie einen Dauerauftrag für Ihr Tagesgeldkonto einrichten und einen Sparplan für den Aktien-ETF. Wollen Sie beispielsweise 100 Euro monatlich zurücklegen, fließen bei der 50 zu 50-Variante 50 Euro monatlich auf das Tagesgeldkonto und 50 Euro in den Sparplan auf den Aktien-ETF. Nachdem Sie Dauerauftrag und ETF-Sparplan eingerichtet haben, können Sie sich im Prinzip wieder anderen Dingen widmen und brauchen sich nicht mehr groß um Ihr Pantoffel-Portfolio zu kümmern.

Mehr Renditechancen

Die meisten Alleinerziehenden werden froh sein, wenn die Altersvorsorge möglichst wenig von ihrer Zeit und Energie frisst. Wenn Sie etwas mehr Kapazitäten haben und vielleicht Spaß an der Geldanlage, sollten Sie einmal jährlich schauen, ob das Verhältnis von Aktien-ETF und Zinsanlagen in Ihrem Pantoffel-Portfolio noch stimmt. Sind beispielsweise die Aktien-ETF in einem Börsenhoch im Kurs gestiegen, kann sich das ursprüngliche Verhältnis stark verschoben haben. Dann haben Sie einen größeren Anteil an Aktien-ETF und damit mehr Risiko, als Ihnen vielleicht lieb ist.

Es kann sich bei stärkeren Verschiebungen lohnen, das Anfangsverhältnis wiederherzustellen, indem Sie beispielsweise eine Zeit lang nur das Tagesgeldkonto besparen und den Sparplan für die Aktien-ETF vorübergehend ruhen lassen. Ist das Ausgangsverhältnis erreicht, können Sie den ETF-Sparplan wieder aufnehmen.

Sollten die Aktien-ETF nach einem Börsencrash stark im Minus liegen, ist es wichtig, dass Sie nicht in Panik geraten und das Geld daraus abziehen. Das wäre die schlechtestmögliche Reaktion, denn dann würden Sie Verluste realisieren. Ein Crash am Anfang Ihrer Sparbemühungen kann paradoxerweise sogar gut für Sie sein und am Ende die Rendite steigern. Wenn Sie noch mehr als zehn Jahre Zeit haben, gibt es keinen Grund, nicht weiter in Aktien-ETF zu sparen. Bleiben Sie also ruhig. Nach etwa zehn Jahren hat die Börse bisher immer alte Höchststände wieder erreicht – sogar nach den schlimmen Crashs nach dem 11. September 2001 und der Finanzkrise 2008.

Gut zu wissen

Sie oder Ihre Eltern möchten gern Geld für die Ausbildung Ihrer Kinder zurücklegen? Auch dafür ist ein Pantoffel-Sparplan mit ETF eine gute Wahl. Wenn noch mehr als zehn Jahre Zeit sind, bis die Ausbildung beginnt, haben Sie damit die größten Renditechancen. Eine Ausbildungsversicherung sollten Sie hingegen nicht dafür abschließen. Sie ist mit sehr hohen Kosten verbunden und bringt daher kaum Rendite.

Wenn Sie Ihre Renditechancen optimieren möchten, können Sie in ein paar Jahren über den Sicherheitsbaustein neu nachdenken, falls die Zinsen gestiegen sein sollten. Im derzeitigen Zinstief ist ein Tagesgeldkonto die beste und einfachste Variante, um den Sicherheitsbaustein zu bestücken. Sind die Zinsen aber wieder gestiegen, kann ein Sparplan auf Renten-ETF mehr Rendite bringen als ein Tagesgeldkonto.

Renten-ETF funktionieren wie Aktien-ETF, nur dass der Fonds nicht einem Aktienindex folgt, sondern einem Index auf Anleihen (auch Renten genannt). Anleihen sind

Zinsanlagen, die Unternehmen und Staaten herausgeben, um sich Geld zu beschaffen. So gibt beispielsweise auch der deutsche Staat Anleihen heraus, die als besonders sicher gelten.

Als Sicherheitsbaustein kommen meist vor allem sogenannte Renten-ETF Euro infrage. Sie enthalten sichere Anleihen von Staaten und Unternehmen aus dem Euroraum. Es macht im Moment keinen Sinn, konkrete Produkte zu nennen. Sie müssten dann in ein paar Jahren prüfen, welche Produkte Finanztest für den Sicherheitsbaustein des Pantoffel-Portfolios empfiehlt. Das können Sie zum Beispiel auf unserer Homepage unter test.de/pantoffel-portfolio tun.

▶ Wenn Sie sich intensiver mit dem Thema Pantoffel-Portfolio und Sparen mit ETF beschäftigen möchten, finden Sie ausführliche Informationen in unserem Ratgeber „Anlegen mit ETF". Sie erhalten ihn für 19,90 Euro im Buchhandel oder unter test.de/shop.

Das Pantoffel-Portfolio

Geeignet für alle Anlegertypen als Basisanlage, vor allem für Sparer, die wenig Fondserfahrung mitbringen oder nur eine geringe Summe investieren wollen.

Bestandteile	**1. Aktienfonds Welt**	**2. Sicherheitsbaustein**
Fonds zur Wahl	Es kommen ETF auf den Weltaktienindex MSCI World infrage, die es von verschiedenen Anbietern gibt: Amundi (Isin*: LU 168 104359 9), Comstage (LU 039 249 456 2), db x-trackers (LU 027 420 869 2), HSBC (DE 000 A1C 9KL 8), Invesco (IE 00B 60S X39 4), iShares (IE 00B 4L5 Y98 3), Lyxor (FR 001 031 577 0), UBS (LU 034 028 516 1).	Als Sicherheitsbaustein eignet sich derzeit für Einsteiger vor allem Tagesgeld. 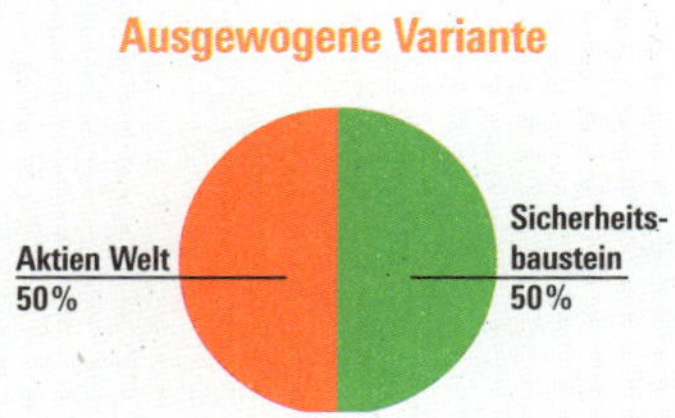
Aufbau	Je nach Risikobereitschaft mit 25, 50 % Aktienfonds.	

*Kurz für „International Securities Identification Number", eine Art Bestellnummer für Wertpapiere.

Betriebsrente richtig nutzen

Ob es sich lohnt, Geld per Entgeltumwandlung in eine betriebliche Altersvorsorge zu stecken, hängt vom Arbeitgeber ab. Seit Anfang 2019 ist ein kleiner Zuschuss vom Unternehmen Pflicht.

→ **Jeder Arbeitgeber** ist seit 2019 dazu verpflichtet, 15 Prozent dazuzugeben, wenn sich ein Arbeitnehmer entscheidet, einen Teil seines Brutto-Gehalts in eine Betriebsrente einzuzahlen. Dies gilt vorerst nur für neue Arbeitsverträge, ab 2022 dann für alle Verträge – auch für solche, die vor 2019 abgeschlossen wurden.

Der Vorteil beim Sparen fürs Alter über den Betrieb: Bei der sogenannten Entgeltumwandlung zahlt der Arbeitnehmer aus seinem unversteuerten Bruttoeinkommen ein. Über diesen Weg erlässt der Staat ihm einen Teil seiner Last an Steuern und Sozialversicherungsbeiträgen.

Voraussetzung ist, dass das Gehalt des Arbeitnehmers unterhalb der Beitragsbemessungsgrenzen für die gesetzliche Rentenversicherung (West: 80 400 Euro, Ost: 73 800 Euro im Jahr 2019) und für die gesetzliche Kranken- und Pflegeversicherung (54 450 Euro im Jahr 2019) liegt. Bis zu 4 Prozent der jährlichen Beitragsbemessungsgrenze der gesetzlichen Rentenversicherung (West) dürfen auf diesem Weg gespart werden. Aktuell (Stand 2019) sind das 3 216 Euro. Für weitere 3 216 Euro entfallen nur die Steuern.

Ein Nachteil: Zwar sparen Arbeitnehmer in der Ansparphase Sozialabgaben. Dadurch schmälern sie aber auch ihre Ansprüche. Wer weniger in die gesetzliche Rentenversicherung einzahlt, erhält später weniger gesetzliche Rente.

Eine Betriebsrente wird nach Erreichen des Rentenalters lebenslang ausgezahlt. Wie alle anderen Anlageformen fürs Alter, die bis zum Tod ohne zeitliche Begrenzung garantiert sind, lohnt sich diese Art von Altersvorsorge nur für diejenigen, die lange leben. Sie sind eine Wette auf ein langes Leben – läuft die Auszahlung nur 20 Jahre, ist die Wette nicht aufgegangen.

Die staatliche Förderung in der Ansparphase ist leider nur die eine Seite der Medaille. In der Rentenphase machen hohe Abgaben die Betriebsrente häufig unattraktiv: Die Betriebsrente muss bei der Auszahlung versteuert werden. Außerdem gehen – anders als etwa bei der Riester-Rente – mindestens 17,65 Prozent für Kranken- und Pflegeversicherungsbeiträge ab, wenn Sie gesetzlich krankenversichert sind. Daher fallen die Renditen sehr unterschiedlich aus – je nachdem, ob Sie gesetzlich oder privat krankenversichert sind.

Eine Ausnahme gibt es auch bei Verträgen der betrieblichen Altersvorsorge: Pflichtversicherte Mitglieder der Krankenversicherung kommen derzeit um die Abgaben herum, wenn sie nur eine kleine Betriebsrente bis zu 155,75 Euro (2019) monatlich beziehen.

Ebenso wie bei den Riester-Verträgen wird die Betriebsrente im Alter nicht komplett auf Grundsicherung angerechnet, falls Sie auf diese Form der Existenzsicherung angewiesen sind. Hier gilt eine Freigrenze von 100 Euro im Monat. Von darüber hinausgehenden Einnahmen dürfen 30 Prozent behalten werden, bis maximal 212 Euro erreicht sind (Stand 2019). Dieser Betrag steigt jährlich.

In Deutschland sorgen derzeit rund zwölf Millionen Arbeitnehmer mit einer Betriebsrente fürs Alter vor, es ist also eine sehr beliebte Anlageform. Allerdings ist sie vor allem für diejenigen geeignet, die einen sicheren Arbeitsplatz haben. Wechselt der Arbeitnehmer den Job, hat er zwar einen Anspruch darauf, dass sein Kapital, das er in der Betriebsrente angespart hat, übertragen wird. Der neue Arbeitgeber muss es in eines seiner Versorgungssysteme einzahlen. Durch ein Übertragungsabkommen der Versicherungen entstehen dadurch meistens keine neuen Abschlusskosten. Doch hat der Arbeitnehmer keinen Anspruch darauf, seinen alten Vertrag weiterzuführen. Gute Konditionen, die der alte Arbeitgeber ausgehandelt hat, können so verloren sein.

Gut zu wissen

Gut überlegen. Welche Art von Betriebsrente auch immer Ihnen seitens des Arbeitgebers angeboten wird, prüfen Sie das Angebot genau. Achten Sie darauf, was passiert, falls Sie aus der Firma ausscheiden, ob ein bestimmter Zinssatz garantiert ist und ob Sie das Angebot privat weiterführen können. Grundsätzlich ist die Betriebsrente besonders vorteilhaft für privat krankenversicherte Rentner, weil diese im Alter keine Sozialabgaben auf diese Art von Rente zahlen. Für gesetzlich krankenversicherte Durchschnittsverdiener ist eine Riester-Anlage im Normalfall flexibler und häufig rentabler. Für sie lohnt sich die Betriebsrente nur, wenn der Arbeitgeber noch mehr als die geforderten 15 Prozent dazugibt.

Der Jobwechsler kann Anwartschaften auch beim alten Arbeitgeber stehen lassen und einen neuen Vertrag zu neuen Konditionen beginnen. Es macht die eigene Rentenplanung allerdings um einiges unübersichtlicher, im Alter mit mehreren kleinen Betriebsrenten von verschiedenen früheren Arbeitgebern zu rechnen.

Wie Sie Fehler bei der Altersvorsorge vermeiden

Packen Sie's an! Es ist nicht schwer, etwas fürs Alter zurückzulegen, wenn Sie die wichtigsten Fallen umschiffen und sich gute Berater suchen.

Es ist psychologisch verständlich, die Altersvorsorge erst einmal zu vertagen, wenn man im Hier und Jetzt genug um die Ohren hat. Das ist aber der erste große Fehler, den Sie nicht machen sollten: Schieben Sie das Nachdenken über Ihre Zukunft nicht auf die lange Bank nach dem Motto, das bisschen, was ich einzahlen kann, lohnt doch gar nicht. Sogar ein Minijob mit freiwilliger Rentenversicherung (siehe „Tipp für Minijobber", S. 105) ist besser als gar keine Altersvorsorge, weil damit ein lückenloser Versicherungsverlauf bei der gesetzlichen Rente erreicht werden kann.

Wenn Sie sich mit einem Mini- oder Teilzeitjob über Wasser halten, sollten Sie mit Riester-Produkten und auch privat vorsorgen, anstatt sich allein auf die gesetzliche Rente zu verlassen.

Als nicht berufstätiger Elternteil dürfen Sie schon gar nicht den Kopf in den Sand stecken, sondern sollten eventuell freiwillig in die gesetzliche Rentenversicherung einzahlen sowie privat vorsorgen. Ganz wichtig: Sobald es die Versorgung Ihrer Kinder zulässt, sollten Sie alles daransetzen, wieder in den Job einzusteigen und sich so eine gesetzliche Rente aufzubauen.

Manche denken: Wenn es nicht reicht, gehe ich eben später neben der Rente arbeiten. Schön, wenn Sie das können! Aber es ist nicht gesagt, dass Sie nach dem Erreichen des Rentenalters noch in der Lage sind, nebenbei Geld zu verdienen – niemand weiß, wie es später um Ihre Gesundheit bestellt ist. Machen Sie also nicht den Fehler, sich darauf zu verlassen. Und falls Ihnen der Satz „Ich werde sowieso nicht alt" durch den Kopf schießt, sollten Sie ihn am besten gleich wieder vergessen. Das ist statistisch gesehen unwahrscheinlich.

Auch ist es keine gute Idee, sich bei Ihren Entscheidungen zur Altersvorsorge von Ihrem Bauchgefühl oder von guten Tipps von Freunden leiten zu lassen. Fallen Sie zum Beispiel nicht auf Versprechungen im Internet herein. Von allen Angeboten, die mit hohen Zinsen und gleichzeitig mit hoher Sicherheit locken, sollten Sie besser die Finger lassen, denn solche Geldanlagen gibt es nicht. Wenn ein Anbieter mit sehr hohen Erträgen wirbt, sind mit dem Produkt in der

Vorsicht Minijob!
Auf die Rentenversicherungsbeiträge beim Minijob zu verzichten kann langfristig die falsche Entscheidung sein.

Regel sehr hohe Risiken verbunden. Eine Ausnahme sind allenfalls staatlich geförderte Anlageformen wie Riester-Verträge.

Auf der Hut sein sollten Sie auch im Gespräch mit Bankberatern. Machen Sie nicht den Fehler, ungeprüft sofort Verträge zu unterschreiben. Leider empfehlen die Berater ihren Kunden häufig nicht das, was gut für sie ist, sondern das, was ihnen persönlich am meisten Provisionen bringt. Lassen Sie sich zum Beispiel in der Bank keine gemanagten Fonds aufschwatzen, wenn Sie eigentlich ETF für Ihr Pantoffel-Portfolio kaufen wollten. Bedenken Sie, Bankberater verdienen an gemanagten Fonds ungleich mehr.

Und vor allem: Lassen Sie sich nicht dazu drängen, eine Kapitallebensversicherung abzuschließen. Kapitallebensversicherungen sind mit sehr hohen Provisionen und Kosten verbunden. Gut für den Berater – schlecht für Sie. Neue Verträge werfen durch die Minizinsen kaum noch Rendite ab, und Sie binden sich für sehr lange Zeit an einen unflexiblen Vertrag.

Falls Sie sich unsicher sind, lassen Sie sich von neutralen Stellen und Fachleuten beraten. Information ist die halbe Miete beziehungsweise der wichtigste Schritt auf dem Weg zur Verhinderung von Altersarmut!

▶ **Kostenlose und neutrale Beratung bieten die Verbraucherzentralen und die Deutsche Rentenversicherung. Außerdem gibt es Versichertenälteste, die ehrenamtlich und neutral beraten. Die Kontaktdaten finden Sie im Internet auf der Seite der Deutschen Rentenversicherung unter deutsche-rentenversicherung.de, „Beratungsstellen finden", „Versicherungsberater & -älteste".**

Gut versichert als Alleinerziehende

Niemand ist vor einem Unglück und vor Krankheiten gefeit – deswegen sollten Sie sich und Ihr Kind gegen die häufigsten Risiken gut absichern. Welche Versicherungen sind Pflicht, welche Kür?

Eine Krankenversicherung braucht man, so viel steht außer Frage. Aber welche soll es sein, und womit sind Sie und Ihr Kind langfristig gut bedient? Und welche anderen Risiken müssen Sie für Ihre Familie absichern oder wollen und können Sie? Die Angebotspalette ist riesig, aber einige Versicherungen fallen eher in die Rubrik „Rausgeschmissenes Geld", als eine sinnvolle Vorsorge zu sein (zum Beispiel eine Reparaturversicherung für die Waschmaschine).

Alleinerziehende, die häufig an der Armutsgrenze leben, müssen dabei besonders gut überlegen, für welche Versicherung sie Geld ausgeben und welche sie sich sparen, damit das monatlich zur Verfügung stehende Haushaltseinkommen ausreicht, um über die Runden zu kommen.

Für alleinerziehende Elternteile lassen sich die klassischen Tipps, die für Familien mit zwei Verdienern und für Singlehaushalte gelten, deshalb nicht unbedingt übertragen. Denn für Haushalte mit geringem Einkommen können schon Ereignisse, die Normalverdiener kaum aus dem Gleichgewicht bringen, existenzbedrohend sein. So bedeutet ein Einbruch, ein größerer Wasserschaden oder gar ein Wohnungsbrand für Menschen mit gutem Einkommen nicht zwangsläufig den finanziellen Ruin (zumal diese Bevölkerungsgruppe eher einen Kredit erhält als eine an der Armutsgrenze lebende Minijobberin), während Familien mit geringen finanziellen Ressourcen vor dem Nichts stehen können, wenn so etwas passiert. Deswegen ist die klassische Hausratversicherung, die diese Risiken abdeckt, für alle, die mit sehr kleinem Budget auskommen müssen, sehr sinnvoll, während diese Police ansonsten erst bei höheren Werten im Haushalt zu den wichtigen gehört.

Eine Privathaftpflichtversicherung sollte wiederum wirklich jeder haben, unabhängig vom Einkommen und Besitz – egal ob Kinder im Haushalt leben oder nicht. Denn Schäden, die man selbst anderen zufügt, können in die Millionen gehen, wenn besonders unglückliche Umstände zusammentreffen.

Was also benötigt man unbedingt, und worauf können Sie wahrscheinlich verzichten?

Gesundheit geht vor: Die richtige Krankenkasse

Ob Sie gesetzlich oder privat versichert sind, kann finanziell einen erheblichen Unterschied machen. Aber auch zwischen den einzelnen gesetzlichen Kassen gibt es Besonderheiten.

Solange Sie angestellt sind und nicht über ein bestimmtes Jahresbruttoeinkommen kommen (60 750 Euro für das Jahr 2019), brauchen Sie sich keinen Kopf zu machen, ob Sie lieber privat oder gesetzlich versichert sein wollen – denn die einzige Wahl, die Sie haben, ist die zwischen den verschiedenen gesetzlichen Krankenkassen. Zusätzlich können Sie private Zusatzversicherungen abschließen, zum Beispiel für Zahnersatz, Chefarztbehandlung oder für die Aufstockung Ihres Krankengeldes bei längerer Erkrankung.

90 Prozent der Bevölkerung sind gesetzlich krankenversichert, die anderen 10 Prozent sind Beamte mit Anspruch auf Beihilfe, Selbstständige oder besser verdienende Angestellte.

Alleinerziehende gehören oft nicht zu den Besserverdienern, sondern sind häufig Aufstocker oder im Hartz-IV-Bezug. Viele arbeiten in Minijobs. Sind sie nicht über ein Angestelltenverhältnis pflichtversichert in der gesetzlichen Krankenkasse, kommt auch eine private Krankenversicherung infrage. Meist ist das aber keine gute Idee. Dagegen spricht unter anderem, dass die Beiträge im Alter enorm steigen. Einen Weg zurück in die gesetzliche Krankenkasse gibt es nicht immer. Zudem bieten die privaten Krankenversicherungen keine beitragsfreie Familienversicherung wie die gesetzliche Krankenkasse an. Für Ihre Kinder zahlen Sie also eigene Beiträge.

Gesetzliche Krankenversicherung

Als Angestellte sind Sie automatisch in einer gesetzlichen Krankenkasse pflichtversichert und zahlen einkommensabhängige Beiträge. Die sogenannte Beitragsbemessungsgrenze liegt 2019 bei 4537,50 Euro Bruttoeinkommen im Monat. Auch wer mehr verdient, zahlt nicht mehr Beitrag. Wenn Ihr Jahresbruttoeinkommen über der Versicherungsfreigrenze von 5062,50 Euro brutto im Monat (2019) liegt, haben Sie die Möglichkeit, in eine private Krankenversicherung zu wechseln – oder Sie bleiben einfach gesetzlich versichert. Für Alleinerziehende ist ein solches Monatsgehalt leider die Ausnahme. Viel eher ist die Mindestbemessungsgrenze interessant: Sie lag 2019 bei 1038,33 Euro Einkommen im Monat für freiwillig Versicherte im Minijob oder nicht berufstätige freiwillig Versicherte.

Auch für Selbstständige gilt seit Anfang 2019 diese Grenze. Bis 2018 war sie noch etwa doppelt so hoch, was bedeutete, dass sie einen relativ hohen Beitrag zahlen mussten, auch wenn ihre Einkünfte weit unter dieser hypothetischen Summe lagen. Ein Großteil des Haushaltseinkommens ging dann für die Krankenkasse drauf. Hier hat der Gesetzgeber nachgebessert.

Gut zu wissen

Beim anderen Elternteil versichert. Es ist möglich, Ihr Kind beim Ex-Partner krankenzuversichern, auch wenn es den Hauptwohnsitz bei Ihnen hat. Das kann von Vorteil sein, falls der andere Elternteil die kostenfreie Familienversicherung in der gesetzlichen Krankenkasse nutzen kann oder das Kind besondere Leistungen der privaten Krankenversicherung des Ex-Partners benötigt. Erkundigen Sie sich unbedingt, ob und wie viel Beitrag für die Versicherung Ihres Kindes fällig wäre, bevor Sie übereilt neue Verträge abschließen. Ob Ihr Kind privat oder gesetzlich versichert werden kann und bei wem jeweils, hängt außerdem vom Einkommen beider Elternteile ab.

→ In der Elternzeit

Während der Elternzeit sind Mütter und Väter, die als Arbeitnehmer gesetzlich versichert sind, normalerweise von der Beitragszahlung befreit. Falls Sie als Selbstständige freiwillig gesetzlich versichert sind, können allerdings Kassenbeiträge auf Sie zukommen.

Die Beitragsunterschiede zwischen den einzelnen Krankenkassen sind relativ gering. Interessanter sind möglicherweise Extraleistungen, die einige Kassen anbieten, beispielsweise für Osteopathie oder professionelle Zahnreinigung. Deswegen sollten Sie sich vor dem Beitritt informieren, welche freiwilligen Leistungen die jeweilige Kasse ihren Kunden anbietet. Viele Kassen bieten spezielle Präventionskurse zu Themen wie Rückenschule, Raucherentwöhnung oder anderem, zahlen Zuschüsse für Kurse anderer Anbieter, locken mit Bonusprogrammen oder bieten medizinische Hotlines mit einem Service rund um die Uhr.

Für Eltern besonders wichtig ist, in welchem Umfang die Kassen Vorsorgeuntersuchungen für die Kinder übernehmen, und zwar über das gesetzlich vorgegebene Maß hinaus, und wie die Regelung für den Einsatz von Haushaltshilfen im Krankheitsfall aussieht. (Siehe „Absicherung für den Notfall“, S. 23.)

Ein Wechsel von einer gesetzlichen Krankenkasse zu einer anderen, die Ihnen bessere Konditionen bietet, ist kein Problem – dafür müssen Sie nur 18 Monate bei einer Kasse versichert gewesen sein. Danach ist es möglich, jederzeit zum Ende des übernächsten Kalendermonats zu kündigen und sich eine neue Kasse zu suchen. Bei Beitragserhöhungen haben Sie, wie bei anderen Versicherungen auch, ein Sonderkündigungsrecht.

▶ Im Internet können Sie sich unter test.de/krankenkassen eine Übersicht zu den Leistungen von über 70 Krankenkassen verschaffen. Für 3 Euro erhalten Sie eine detaillierte Liste mit Angeboten und Tarifen.

Private Krankenversicherung

Die gesetzlichen Krankenkassen sind Körperschaften öffentlichen Rechts und als Teil unseres Sozialversicherungssystems organisiert. Ihre Leistungen werden durch das Sozialgesetzbuch festgelegt. Bei privaten Krankenversicherungen handelt es sich hingegen um Aktiengesellschaften oder Versicherungsgesellschaften auf Gegenseitigkeit. Sie arbeiten gewinnorientiert und nicht wie die gesetzlichen Kassen nach dem Solidaritätsprinzip. Deswegen erheben private Krankenversicherungen für jeden einzelnen Versicherten Daten zur Risikoabschätzung: Wer als riskanter eingestuft wird, zahlt höhere Beiträge.

Eine private Krankenversicherung kann also für junge, gesunde, gut verdienende Menschen attraktiv sein, weil die monatli-

Gut zu wissen

Künstlersozialkasse. Für Selbstständige in kreativen Berufen gibt es eine besondere Regelung: Autoren, Journalisten, Musiker, Maler und andere Künstler können die Aufnahme in die Künstlersozialkasse beantragen. Dort erhalten sie einen Zuschuss von 50 Prozent zu ihren Sozialversicherungsbeiträgen vom Staat und sind nebenbei noch renten- und pflegeversichert. Die Künstlersozialkasse prüft sehr genau, ob Sie den strengen Aufnahmekriterien entsprechen. Außerdem müssen Sie mindestens 3 900 Euro Jahreseinkommen erzielen. Weitere Informationen und einen Aufnahmeantrag erhalten Sie auf künstlersozialkasse.de.

chen Beiträge in den ersten Jahren häufig deutlich unter denen der gesetzlichen Krankenkassen liegen, zumindest bei gut verdienenden kinderlosen Angestellten. Allerdings ändert sich das mit fortschreitendem Alter radikal, und gerade für ältere Menschen und Rentner können die Beiträge für die private Krankenversicherung teils existenzbedrohend sein. Ein Weg zurück in die gesetzliche Krankenkasse ist dann in der Regel ausgeschlossen, falls Sie nicht vor dem 55. Geburtstag in Hartz-IV-Bezug geraten oder über eine erneute Festanstellung wieder pflichtversichert werden.

Wollen Sie sich privat krankenversichern, müssen Sie zunächst einen ganzen Fragenkatalog zu Ihrem Gesundheitszustand beantworten. Das sollten Sie unbedingt wahrheitsgemäß tun, denn bei Flunkereien droht Leistungsausschluss.

Falls Sie noch jung und gesund sind, ist der Fragenkatalog eventuell kein Problem. Aber auch dann ist die private Krankenversicherung in der Regel keine gute Wahl: Ihr Kind kann nicht, wie in der gesetzlichen Versicherung, kostenfrei mitversichert werden, Ihnen stehen im Regelfall weder Kinderkranktage zu noch Mutterschutzzeiten. Hinzu kommt, dass Sie Ihre Versicherungsbeiträge anders als gesetzlich Versicherte auch als Angestellte in der Elternzeit weiter aufbringen müssen. Der Arbeitgeberzuschuss entfällt.

Als privat Krankenversicherte treten Sie bei ambulanten Behandlungen und Medikamenten stets in Vorleistung, begleichen also die Arztrechnungen zuerst selbst, bevor Sie sich die bezahlte Summe von der Versicherung erstatten lassen können. Ob und wie viel der Rechnung Ihnen erstattet wird, hängt von Ihrem Versicherungstarif und dem gewählten Selbstbehalt ab. Das kann, gerade bei einem knappen Haushaltsbudget oder unvorhersehbaren Einkommensverhältnissen – zum Beispiel bei Selbstständigkeit – zu einem großen finanziellen Risiko werden, denn nicht jede Selbstständige

Krankes Kind?
Anders als die private Krankenversicherung bietet die gesetzliche Krankenkasse Kinderkranktage – ein großer Vorteil für Alleinerziehende.

verfügt über einen großzügigen Disporahmen fürs Konto. Immerhin ist aber die direkte Abrechnung mit der privaten Kasse bei Krankenhausaufenthalten meist möglich, wenn Sie eine „Klinik-Card" von Ihrem Versicherer haben, was üblich ist. Dann erhalten Sie nur eine Rechnung über die Kosten des Aufenthalts im Krankenhaus zur Kenntnisnahme.

Alles in allem ist eine private Krankenversicherung für die wenigsten Alleinerziehenden eine gute Alternative zum gesetzlichen Schutz. Eine Ausnahme sind Beamte, die Anspruch auf Beihilfe haben. Für sie lohnt sich die private Krankenversicherung.

Private Zusatzversicherungen

Gesetzlich Krankenversicherte können ihren Schutz über eine Vielzahl an Zusatzversicherungen aufstocken.

Nur eine dieser Versicherungen brauchen Sie unbedingt: die Auslandsreisekrankenversicherung – natürlich nur, wenn Sie oder Ihre Kinder ins Ausland reisen, beispielsweise bei einer Klassenfahrt.

Sogar im EU-Ausland kann es passieren, dass Kassenpatienten auf einem Teil der Behandlungskosten sitzenbleiben, wenn die Ärztin im Urlaubsland dafür mehr verlangt, als ein Arzt in Deutschland berechnen würde. Besonders teuer kann es werden, falls ein Rücktransport aus dem Ausland nötig wird. Daran beteiligen sich die deutschen Krankenkassen nie, ganz egal um welches Reiseland es sich handelt. Eine Auslandsreisekrankenversicherung ist also unverzichtbar, sobald Sie oder Ihre Kinder die deutsche Grenze passieren.

Schon für 20 Euro im Jahr erhalten Sie guten Schutz für eine Familie durch eine private Auslandsreisekrankenversicherung.

Viele Kassen bieten ihren Versicherten über ihre Website direkt Tarife eines privaten Versicherers an, mit dem sie zusammenarbeiten. Auch solche Angebote sollten Sie sorgfältig prüfen. Das Angebot des Kooperationspartners Ihrer Kasse muss nicht automatisch zu Ihnen passen. Auf test.de finden Sie aktuelle Ergebnisse zu Tarifen von Zusatzversicherungen samt Leistungen.

Schon für 20 Euro Jahresbeitrag erhalten Sie guten Schutz für eine Familie durch eine private Auslandsreisekrankenversicherung, mit der Sie je nach Tarif bis zu sechs oder acht Wochen am Stück verreisen können. Sollten Sie länger verreisen wollen, zum Beispiel während der Elternzeit, brauchen Sie eventuell etwas teureren Versicherungsschutz, der sich aber auch problemlos finden und abschließen lässt.

Darüber hinaus gibt es Zusatzversicherungen für Chefarztbehandlung, Ein- oder Zweibettzimmer im Krankenhaus, kieferorthopädische Behandlung, Heilpraktiker und Brillen und mehr. Einige dieser Versicherungen sind zwar durchaus sinnvoll, aber sie sollten nicht ganz oben auf Ihrer Wunschliste stehen, wenn Ihr Budget für Versicherungen klein ist, denn sie decken keine existenzielle Bedrohung ab.

So sind Zahnzusatzversicherungen beispielsweise sehr beliebt, aber sie sind nicht wirklich nötig. Eine hohe Zahnarztrechnung ist unangenehm, aber erst einmal sollten Sie jede geplante Maßnahme sowieso hinterfragen. Was genau will der Zahnarzt machen? Muss das wirklich sein? Geht es auch preiswerter? Wichtig ist es, eine zweite Meinung einzuholen. Das Risiko, die Versicherung für kostenintensive Implantate oder Brücken in Anspruch nehmen zu müssen, ist außerdem vor allem in jungen Jahren sehr gering.

Eine Zahnzusatzversicherung sollten Sie auf jeden Fall nur nach intensivem Studium der Vertragsunterlagen oder Infos unter test.de/zahnzusatzversicherung abschließen, denn oft sind die Leistungen gedeckelt oder die monatlichen Zahlungen so hoch, dass Sie das Geld dafür eigentlich auch selbst ansparen könnten. Bei kieferorthopädischen Behandlungen für Kinder, also zum Beispiel einer Zahnspange, übernimmt die gesetzliche Krankenkasse sowieso die Basisleistungen, und auch Zahnprophylaxe und Standardfüllungen werden für Kinder voll übernommen.

Kleines Versicherungs-ABC

Was für klassische Paarfamilien gilt, muss für Alleinerziehende nicht unbedingt passend sein. Das zeigt sich auch bei den Versicherungen.

Einige Versicherungen klingen zwar gut, aber ihr Kosten-Nutzen-Faktor ist völlig unverhältnismäßig. Dazu zählen extra Fahrradversicherungen, weil es etliche Angebote von Hausratversicherern gibt, die Fahrräder zu einem guten Preis mit einschließen, und das gilt auch für eine Brillen- oder eine Elektronikversicherung. Auch eine Reisegepäckversicherung zählt zu den Versicherungen, die Sie sich sparen können. Sie ist vergleichsweise teuer und zahlt trotzdem nur ausnahmsweise, nämlich wenn alle der vielen Ausschlüsse, die sich der Versicherer vorbehält, nicht ziehen.

Eine Ausbildungsversicherung benötigen Sie genauso wenig. Sie ist teuer und unflexibel. Besser ist es, für die Ausbildung der Kinder ohne Versicherungsvertrag zu sparen (siehe „Gut zu wissen", S. 120).

Aber was ist mit den zahlreichen anderen Versicherungen, die Ihnen angeboten werden? Hier kommt es auf Ihre spezielle Situation und Ihren Geldbeutel an. Einen ersten Überblick über den Versicherungsbedarf von Alleinerziehenden bietet die Checkliste rechts. Ausführlichere Informationen zu den einzelnen Versicherungen finden Sie im folgenden kleinen Versicherungs-ABC.

Autoschutzbrief

Bei Kfz-Schutzbriefen gilt: Je geringer Ihr finanzieller Spielraum, desto eher ist es sinnvoll, einen abzuschließen. Denn Abschleppkosten und Pannenhilfe können sich rasch auf mehrere Hundert Euro belaufen, und somit ein großes Loch in eine kleine Haushaltskasse reißen. Insbesondere, wenn Sie Ihr Auto dringend brauchen, um damit zum Job zu pendeln, und es ein eher baufälliges, älteres Modell ist, bei dem Pannen wahrscheinlicher sind.

Wichtig: Auch Ihr Autoversicherer bietet sehr wahrscheinlich für kleines Geld eine Schutzbriefoption als Zusatz zur Kfz-Versicherung an, es geht also auch ohne ADAC.

Sinnvoll ist auch eine Verkehrsrechtsschutzversicherung, die übrigens auch bei Rechtsstreitigkeiten zahlt, in die Sie oder Ihre Kinder als Fahrradfahrer oder Fußgänger verwickelt werden.

Berufsunfähigkeitsversicherung

Eine reine Erwerbsminderungsrente über die gesetzliche Rentenversicherung wird kaum ausreichen, um Sie für den Fall abzusichern, dass Ihre Gesundheit es nicht mehr zulässt, dass Sie in vollem Umfang arbeiten können. Derzeit liegt die durchschnittliche Erwerbsminderungsrente bei 750 Euro monatlich – das ist unter dem Existenzminimum. Insbesondere jüngere Arbeitnehmer können sogar leer ausgehen, wenn sie die gesetzlichen Anwartschaften für eine Erwerbsminderungsrente noch nicht erreicht haben, oder sie erhalten im Ernstfall nur eine sehr niedrige gesetzliche Invaliditätsrente.

Mit einer Berufsunfähigkeitsversicherung können Sie das Risiko, bei verminderter Erwerbsfähigkeit mittellos dazustehen, minimieren. Der Versicherer springt ein, wenn Sie aus gesundheitlichen Gründen (hierzu zählen auch psychische Gründe) nicht mehr in der Lage sind, Ihren Beruf zu mindestens 50 Prozent auszuüben. Der Schutz ist aber nicht ganz billig: für eine 30-jährige Diplomkauffrau, die sich über

Checkliste

Versicherungsbedarf für Alleinerziehende

Manche Versicherungen brauchen alle Alleinerziehenden, andere sind je nach Lebenssituation ein Muss oder sehr zu empfehlen.

Ein Muss für alle

- ☐ Krankenversicherung (meist besser gesetzlich als privat)
- ☐ Privathaftpflichtversicherung

Weitere Versicherungen je nach Lebenssituation

- ☐ Kfz-Haftpflicht, wenn Sie ein Fahrzeug haben
- ☐ Berufsunfähigkeitsversicherung, wenn Sie sich eine leisten können
- ☐ Auslandsreisekrankenversicherung, wenn Sie oder Ihre Kinder ins Ausland reisen
- ☐ Hausratversicherung, wenn Sie sehr wenig Geld haben oder sehr wertvollen Hausrat
- ☐ Kinderinvaliditätsversicherung, wenn Sie sie sich leisten können
- ☐ Risikolebensversicherung unter bestimmten Umständen (siehe S. 144)
- ☐ Tierhalter-Haftpflicht, wenn Sie einen Hund oder ein Pferd besitzen
- ☐ Wohngebäudeversicherung für eine eigene Immobilie

2000 Euro Monatsrente bis zu ihrem 67. Lebensjahr absichern will, werden etwa 820 Euro Jahresbeitrag fällig. Und für Beschäftigte aus Berufsgruppen mit höherem Risiko, wie beispielsweise einen 25-jährigen Industriemechaniker, fallen die Jahresbeiträge noch höher und die monatliche Erwerbsminderungsrente niedriger aus: Um 1500 Euro monatliche Rente zu erhalten, muss er knapp 900 Euro Jahresbeitrag zahlen.

Je jünger und je gesünder Sie sind, desto besser Ihre Chancen auf ein attraktives Angebot.

Ob Sie einen Vertrag bekommen und wie hoch die Prämien ausfallen, die der Versicherer verlangt, hängt von der Gesundheitsprüfung ab. Hier müssen Sie Fragen zu Ihrem Gesundheitszustand und zu bisherigen Erkrankungen beantworten. Meist umfassen die Fragen die vergangenen fünf Jahre. Auch hier gilt natürlich: Je jünger und je gesünder Sie sind, desto besser Ihre Chancen auf ein attraktives Angebot.

Wenn Sie etwa schon einmal an Krebs erkrankt waren, einen Herzinfarkt hatten oder eine Psychotherapie gemacht haben, kann dies dazu führen, dass der Versicherer Sie ablehnt. Und bei Risiken wie Asthma, Allergien, Knie- und Rückenbeschwerden wird er damit verbundene Risiken eventuell ausschließen oder einen deutlich höheren Beitrag verlangen.

Es empfiehlt sich, parallel bei mehreren Anbietern ein Angebot einzuholen. Manche bieten eigenständigen Berufsunfähigkeitsschutz an, andere tun dies nur in Kombination mit einer Risikolebensversicherung. Sollte der Versicherer nur eine Kombination mit Kapitallebensversicherung oder Rentenversicherung im Angebot haben, lassen Sie die Finger davon, denn hier droht Ihnen schnell finanzielle Überforderung. Dann kündigen Sie irgendwann vielleicht die Versicherung und verlieren zusammen mit dem Sparvertrag den wichtigen Berufsunfähigkeitsschutz.

Fazit: Wenn Sie sich den Berufsunfähigkeitsschutz leisten können und einen Vertrag bekommen, sollten Sie ihn abschließen. Für viele Alleinerziehende dürfte er aber zu teuer sein.

Erwerbsunfähigkeitsversicherung

Falls die Berufsunfähigkeitsversicherung für Sie unerschwinglich ist oder Ihnen kein Anbieter ein Angebot dafür macht, ist die Erwerbsunfähigkeitsversicherung eine Alternative – allerdings eine deutlich schwächere. Anders als die Berufsunfähigkeitsversicherung greift sie erst dann, wenn Sie nicht mehr in der Lage sind, überhaupt irgendeine Form von Erwerbstätigkeit auszuüben. Der erlernte Beruf spielt keine Rolle. Um eine Rente aus einer Erwerbsunfähigkeitsversicherung zu erhalten, müssen Sie also wesentlich kranker sein als für bloße Berufsunfähigkeit. Weil dieses Risiko geringer ist, kostet es auch weniger, sich dagegen zu versichern.

Aber auch hier gilt: Sie müssen einen umfangreichen Fragenkatalog zu Ihrer Gesundheit beantworten, und es kann durchaus sein, dass Ihnen der Schutz verwehrt wird.

Gut zu wissen

Angebote vergleichen. Bei Versicherungen kommt es darauf an, einen guten und preisgünstigen Vertrag zu finden. Schließlich fallen die Kosten jedes Jahr an. Vergleichen Sie daher unbedingt Angebote, bevor Sie sich entscheiden. Die Stiftung Warentest untersucht regelmäßig die Tarife der wichtigsten Versicherungen. Welche gut getestet und preisgünstig waren, können Sie gegen eine geringe Gebühr auf test.de nachlesen. Wenn Sie dort die jeweiligen Versicherungen in die Suchmaske eingeben, werden Ihnen die aktuellen Tests angezeigt.

Hausratversicherung

Eigentlich heißt es, eine Hausratversicherung brauche man nur, wenn man besonders wertvolle Gegenstände besitzt. Wer aber besonders wenig Geld hat, um Dinge zu ersetzen, braucht auch unbedingt eine Hausratversicherung. Zum Beispiel für den Fall, dass Sie bei einem Brand große Teile oder alles an Hausrat verlieren, was Sie besitzen. Oder bei einem Einbruch, Wasserschaden oder Überspannungsschäden an elektrischen Geräten durch Blitzschlag. Auch Verluste Ihres Hab und Guts durch Raub und Vandalismus oder Sturmschäden sind Teil der Hausratversicherung.

Der Preis für die Hausratversicherung richtet sich bei allen Anbietern nach der Wohnfläche, dem Wohnort und danach, ob Sie Fahrraddiebstahl mitversichern möchten und Sonderleistungen wie Überspannungsschutz bei Blitzeinschlag (Computer, Play Station, Fernseher) und Glasbruch (Fensterscheiben, Ceranfelder) eingeschlossen sein sollen. Für eine gute Hausratversicherung müssen Sie kein Vermögen ausgeben – schon ab 100 Euro Jahresbeitrag erhalten Sie guten Schutz.

Je nachdem, wie groß der Schaden ist, zahlt die Versicherung den Wiederbeschaffungswert oder die Reparaturkosten und einen Ausgleich für die Wertminderung des betreffenden Haushaltsgegenstandes.

Bei Fahrrädern, die über die Hausratversicherung abgesichert sein sollen, sollten Sie darauf achten, dass einige Versicherungen bei nächtlichem Diebstahl nur einspringen, wenn sich das Rad in einem abschließbaren Raum befindet, und bei etlichen muss es tagsüber an einem unbeweglichen

Gegenstand fest angeschlossen sein. Gleiches gilt für Fahrradanhänger, in denen Kinder transportiert werden, Laufräder und andere Spielfahrzeuge von Kindern. Bei Fahrrädern ist es meist so, dass Sie es in Höhe von 1 oder 2 Prozent der Gesamtversicherungssumme gegen Diebstahl schützen lassen können. Versicherungsschutz für ein Fahrrad im Wert von 600 Euro würde also eine Versicherungssumme von 60 000 voraussetzen, wenn Sie die Variante 1 Prozent des Gesamtversicherungsschutzes auswählen. Bei mehreren oder wertvolleren Fahrrädern wählen Sie besser für 2 Prozent der Gesamtsumme und zahlen dafür einen kleinen Aufschlag.

Sollte auf Reisen in Ihr Hotelzimmer eingebrochen werden, ist auch die Hausratversicherung zuständig

Viele Versicherte entscheiden sich dafür, pauschal einen Vertrag mit einem sogenannten Unterversicherungsverzicht zu unterschreiben. Dabei wird in der Regel pro Quadratmeter eine Summe von 650 Euro Wert angenommen. Bei einer Wohnfläche von 100 Quadratmetern könnten Sie also Hausrat im Wert von insgesamt 65 000 Euro durch die Versicherung ersetzen, was im Normalfall guten Schutz bietet. Einen Unterversicherungsverzicht sollten Sie nur dann nicht in Erwägung ziehen, wenn Sie auf sehr großer Fläche wohnen und kaum Gegenstände von Wert besitzen.

Ihre Hausratversicherung versichert sämtliche Einrichtungsgegenstände. Einige Tarife ersetzen auch den Verlust von Gestohlenem aus dem Auto. Auch Wertsachen wie Bargeld (im Portemonnaie oder in Ihrer Wohnung), Schmuck und Bilder sind durch die Hausratversicherung zumindest bis zu einer Obergrenze versichert. Und sollte auf Reisen in Ihr Hotelzimmer eingebrochen werden oder Sie gar auf offener Straße ausgeraubt werden, ist ebenfalls die Hausratversicherung zuständig. Sie gilt für alle Ihre beweglichen Besitztümer, auch solche, die Sie in Ihrer Garage oder auf dem Balkon lagern. Je nach Tarif erstattet die Hausratversicherung sogar von einer Terrasse gestohlene Gartenmöbel und Gegenstände.

Kfz-Versicherungen

Ohne Kfz-Haftpflicht wird kein Fahrzeug in Deutschland zugelassen – sie springt ein, wenn Sie mit Ihrem Wagen anderen Schäden zufügen, seien es Sachschäden oder solche an Personen. Die Schadenssummen dafür können ins Unermessliche gehen, wenn es richtig hart kommt und ein Unfallgegner zum Beispiel lange ins Krankenhaus muss und dauerhafte Schäden davonträgt. Ihre Kfz-Haftpflicht deckt nur Schäden an anderen Verkehrsteilnehmern ab. Wenn Sie sich gegen eigene Schäden versichern möchten, brauchen Sie den erweiterten Schutz durch eine Teil- oder Vollkaskoversicherung (mit oder ohne Selbstbeteiligung), die dann auch Wildschäden, Schäden durch Hagel und Vandalismus übernimmt. Grob gesagt gilt, dass für Neuwagen in den ersten drei Jahren eine Vollkaskoversicherung vorhanden sein sollte, danach Teilkasko und ein zehn Jahre altes Auto mit einer reinen Haftpflichtversicherung ausreichend abgesichert ist.

Der Jahresbeitrag richtet sich nach Ihrer Schadenfreiheitsklasse, also der Zeitspanne, seit der Sie unfallfrei fahren, dem Autotyp, der Anzahl und dem Alter der Fahrer, der Kilometerzahl, die Sie pro Jahr zurücklegen, Ihrem Wohnort, und anderen Faktoren – etwa ob das Auto in der Garage steht oder nicht.

Für Kfz-Versicherungen sind hohe Deckungssummen gesetzlich vorgeschrieben, damit etwaige Personenschäden abgedeckt sind. Eine Mindestdeckung von 7,5 Millionen Euro für Personenschäden und 1 Million für Sachschäden ist das Minimum. Die meisten Versicherer gehen über diese Summen deutlich hinaus und bieten Deckungssummen in Höhe von 50 oder 100 Millionen Euro für Sachschäden und 8 bis 12 Millionen für Personenschäden an. Diese Tarife sind in der Regel nicht viel teurer, aber unbedingt empfehlenswert.

Kinderinvaliditätsversicherung

Verletzt sich Ihr Kind im Kindergarten oder in der Schule, ist die gesetzliche Unfallversicherung zuständig. Die gesetzliche Versi-

HÄTTEN SIE'S GEWUSST?

Schäden, die Sie mit Ihrem Fahrzeug anderen Verkehrsteilnehmern zufügen, sind ein Fall für die Kfz-Haftpflichtversicherung.

Schäden an Ihrem Fahrzeug, zum Beispiel durch Brand, Explosion, Diebstahl oder Elementarereignisse wie Sturm oder Überschwemmungen, sind über eine Teilkaskoversicherung abgedeckt. Das gilt auch für Glasschäden und nach Wildunfällen.

Schäden am eigenen Wagen durch selbst verschuldete Unfälle und Vandalismus können Sie über eine Vollkaskoversicherung zusätzlich absichern.

cherung springt auch bei Ausflügen und auf dem Schulweg oder dem Weg zur Kita ein. Aber was, wenn Ihr Kind sich in der Freizeit so schwer verletzt, dass es nie einen Beruf ausüben können wird, weil es zum Beispiel durch einen Sturz vom Trampolin querschnittsgelähmt ist? Und was, wenn es durch eine Krankheit eine Behinderung davonträgt – was statistisch gesehen viel wahrscheinlicher ist als ein Unfall? Gegen dieses Risiko können Sie es über eine Kinderinvaliditätsversicherung finanziell absichern.

Je nach Vertrag zahlt der Versicherer eine lebenslange Rente, einen einmaligen Beitrag oder auch eine Kombination aus größerer Summe und Rente. Dieses Geld kann unverzichtbar sein, wenn Sie Ihren Beruf reduzieren oder aufgeben müssen, um ein erkranktes Kind dauerhaft zu pflegen. Die Ursache der Invalidität spielt bei der Kinderinvaliditätsversicherung keine Rolle.

Der Haken an dieser Versicherung ist der immens hohe Preis (mehrere Hundert Euro im Jahr), und dass trotzdem Etliches vom Schutz ausgenommen ist. So zählen psychische Beeinträchtigungen zu den häufigsten Störungen, die zu einer Schwerbehinderung im Kinder- und Jugendalter führen. Neurosen, Psychosen, Persönlichkeits- und Verhaltensstörungen sind ebenso oft vom Vertrag ungedeckt wie angeborene Schwerbehinderungen, die den Eltern bei Abschluss schon bekannt waren. Dennoch ist der Vertrag sehr empfehlenswert – für alle, die ihn sich leisten können.

Kinderunfallversicherung

Eine Kinderunfallversicherung ist deutlich günstiger als die Kinderinvaliditätsversicherung, aber der Schutz ist wesentlich weniger umfangreich. Sie zahlt – wie der Name sagt – nicht bei Invalidität infolge einer Krankheit, sondern ausschließlich nach Unfällen. Und diese sind weniger wahrscheinlich. Dafür können Sie sie schon für 100 Euro im Jahr abschließen. Damit ist Ihr Kind dann gegen dauerhafte Gesundheitsschäden infolge eines Unfalls abgesichert. Die Kinderunfallversicherung bietet je nach Vertrag Krankenhaustagegeld an, nach Invaliditätsgrad abgestufte Invaliditätsrente fürs Kind und einmalige Leistungen beim Todesfall. Sie übernimmt auch kosmetische Operationen, die als Folge eines Unfalls nötig sind, und zahlt Beihilfe bei Reha-Maßnahmen.

Interessant für Alleinerziehende könnten extra Unfall-Schutzbriefe sein, die zusammen mit der Kinderunfallversicherung angeboten werden. Wenn Sie so etwas haben, übernimmt die Versicherung die Kosten für Wohnungsreinigung, Erledigung von Einkäufen und Besorgungen, Menüservice, Betreuung von Geschwistern sowie Begleitung zu Ärzten oder Behörden. Teile dieser Angebote bietet allerdings auch die gesetzliche Krankenkasse im Rahmen der gesetzlichen Vorgaben für eine Haushaltshilfe im Krankheitsfall, siehe S. 24.

Sollten Sie sich für eine Kinderunfallversicherung entscheiden, achten Sie darauf, keine auszuwählen, die damit lockt, Beiträge zurückzuerstatten, wenn Sie keine Leistungen in Anspruch nehmen. Dieses Extra treibt die Preise nach oben.

Lebensversicherung

Hier sollten Sie unterscheiden zwischen einer Risikolebensversicherung (siehe S. 144) und der Kapitallebensversicherung, die den Risikoschutz mit Sparen verbindet. Verträge, die aufs Sparen aus sind, sind nicht empfehlenswert, weil es günstigere Varianten gibt, sich gegen das Sterberisiko abzusichern, und bessere Arten, sein Geld anzulegen, wenn man sparen will. Mit solchen kapitalbildenden Versicherungen sind in der Regel hohe Abschlusskosten verbunden. Statt eine Kapitallebensversicherung zu wählen, ist es besser, Ihr Kind für den Fall, dass Sie sterben, über eine Risikolebensversicherung abzusichern und Ihr Geld ansonsten anderweitig anzulegen.

Privathaftpflichtversicherung

Wenn Sie nur eine einzige Versicherung haben, sollte es diese sein. Denn die private Haftpflichtversicherung sichert Schäden ab, die Sie anderen unabsichtlich zufügen. Für unter 100 Euro im Jahr sind Sie gegen Schadensersatzansprüche geschützt.

Wenn Menschen verletzt werden oder hohe Sachschäden entstehen, kann das einen Privathaushalt in den Ruin treiben. Gerade als Mutter/Vater ist so eine Versicherung ein Muss, denn sie haftet auch für Schäden, die Kinder verursachen.

→ Deliktunfähige Kinder

Achten Sie beim Vertragsabschluss darauf, dass Schäden durch deliktunfähige Kinder (das ist normalerweise bis zum Alter von sieben Jahren der Fall) eingeschlossen sind. Nur wenn das der Fall ist, zahlt die Versicherung für Schäden, die Ihre Kinder verursachen, solange niemand die Aufsichtspflicht grob verletzt hat.

Das ist besonders wichtig, wenn Ihr Kind einmal bei Freunden übernachtet oder zu Besuch ist und beim Spielen etwas zu Bruch geht, oder wenn ein Kind auf die Straße läuft und dadurch einen Autounfall verursacht. Im Straßenverkehr sind Kinder sogar bis zum Alter von zehn Jahren deliktunfähig. Zwar sind Sie nicht schadensersatzpflichtig, wenn Ihr deliktunfähiges Kind etwas anstellt und Sie Ihre Aufsichtspflicht nicht verletzt haben. Aber schon aus moralischen Gründen könnte es sein, dass Sie den Schaden trotzdem ausgleichen wollen. Dann ist ein solcher Einschluss gut.

Die private Haftpflichtversicherung springt ein, wenn Sie sich versehentlich auf die Brille eines Freundes setzen, Sie aus Versehen das Notebook eines Mitreisenden im Zug vom Tisch reißen oder Sie die weiße Seidenbluse der Tischnachbarin unabsichtlich mit Rotwein bekleckern. Auch Schäden an Computern durch unbeabsichtigt übertragene Viren (zum Beispiel durch einen befallenen USB-Stick) sind durch die Privathaftpflicht versichert. Die Opfer dieser Missgeschicke erhalten entweder die Reparatur erstattet oder den Zeitwert des beschädigten Gegenstands.

Es gibt Testsieger ab 48 Euro Jahresbeitrag und eine breite Angebotspalette, was die Leistungen betrifft.

Vergleichen Sie bei der Privathaftpflicht unbedingt die Angebote, da sie sich stark unterscheiden und auch die Preisspanne enorm ist. Es gibt Testsieger ab 48 Euro Jahresbeitrag für den Familienschutz und eine breite Angebotspalette, was die Leistungen betrifft. Wenn Sie bei den Beiträgen sparen wollen, wählen Sie einen Tarif mit Selbstbehalt von zum Beispiel 50 Euro pro Schadensfall. Aber bedenken, Sie, dass sich das nicht unbedingt rechnet, denn mehrere kleine Schäden sind wahrscheinlicher als ein großer.

Rechtsschutzversicherung

Ob sich der Abschluss einer Rechtsschutzversicherung für Sie lohnt, hängt sehr von Ihren persönlichen Lebensumständen ab. Sie gehört nicht zu den Versicherungen, die jeder haben muss. Auch sollten Sie sich gut informieren, ob es für Sie nicht besser ist, einzelne Bereiche abzusichern, anstatt ein Komplettpaket zu nehmen, das Sie dann vergleichsweise teuer kommt, insbesondere bei Verträgen ohne Selbstbeteiligung. Tarife mit Selbstbehalt von 150 Euro erhalten Sie ab etwa 300 Euro pro Jahr, solche ohne Selbstbehalt sind ab etwa 400 Euro im Angebot.

Zu dem Zeitpunkt, zu dem Sie die Rechtsschutzversicherung abschließen, darf noch nicht absehbar sein, dass und in welchem Umfang Sie sie benötigen werden – es darf sich also nicht bereits ein Streit abzeichnen.

Für die meisten Alleinerziehenden ist die wichtigste Rechtsschutzversicherung neben dem Verkehrsrechtsschutz die für den Mieterschutz, die vom Deutschen Mieterbund oder dem Deutschen Mieterverein angeboten wird. Daher ist es wahrscheinlich eine gute Idee, sich solch einen Mieterschutz über die Mitgliedschaft in einem dieser Vereine zuzulegen, anstatt eine teure Rechtsschutzversicherung abzuschließen. Der Mieterschutz hilft Ihnen beispielsweise, die Rechtmäßigkeit von Mieterhöhungsforderungen zu beurteilen, bei Streitigkeiten um die Rückzahlung der Kaution oder bei Abmahnungen und Streit um im Hof spielende Kinder, durch die sich die Nachbarn gestört fühlen. Mit nur etwa 70 bis 100 Euro Jahresbeitrag, je nach Wohnort und Verein, sind Sie dabei.

Rechtsschutzversicherungen greifen sowieso nicht bei Scheidungen und Familien-

Ab in den Urlaub!
Versicherungsschutz für die Reise kann eine sinnvolle Option sein. Gerade bei schmalem Geldbeutel. Wenn es ins Ausland geht, sollte die Auslandkrankenversicherung nicht fehlen.

gerichtsbarkeit, wie Sie vielleicht schon festgestellt haben. Und bei Streitigkeiten durch Unfälle mit dem Auto würde Ihnen die Verkehrsrechtsschutzversicherung oder die Erstberatung durch den Kfz-Schutzbrief möglicherweise wesentlich günstiger und genauso gut helfen. Auch Erbstreitigkeiten fallen nicht unter den Schutz einer Rechtsschutzversicherung. Hier übernimmt die Versicherung nur bei konkretem Anlass, nicht als allgemeines Hintergrundgespräch die Kosten für die Erstberatung. Für Eltern gut zu wissen: Viele Versicherer schließen Rechtsstreitigkeiten wegen fehlender Kitaplätze, die zwar gesetzlich garantiert, aber vor Ort nicht vorhanden sind, ebenfalls aus.

Reiseversicherung

Zwar können sich viele Alleinerziehende keinen Urlaub leisten, und schon gar nicht teure Kreuzfahrtreisen oder Club-Urlaube, aber falls Sie sich mühsam den Urlaub vom Gehalt abgespart haben und Ihr Kind kurz vor der Abfahrt erkrankt, kann eine Reiserücktrittkostenversicherung immerhin sicherstellen, dass Sie den Urlaub ein anderes Mal nachholen können und das Geld nicht verschenkt ist. Auch wenn die Anreise mit der Bahn unter einem ungünstigen Stern steht und Sie den Flieger verpassen, Sie Ihren Job verlieren oder ein naher Angehöriger stirbt, kann die Reiseversicherung einspringen, je nachdem, welchen Schutz Sie gewählt haben. Neben dem Kummer und Ärger, den Sie in so einem Fall ohnehin haben, ist dann zumindest das Problem der Reisekosten keines mehr.

Für kleinere Reisen bis 500 Euro kostet der Versicherungsschutz ab 20 Euro aufwärts, bei teureren Reisen im Wert von 6000 Euro müssen Sie mit 200 Euro rechnen. Die Versicherer bieten auch Familientarife an, deren Preisstruktur aber meist (wie bei fast allen Familientarifen vom Schwimmbad bis zum Freizeitpark) auf die klassische Zwei-Eltern-und-Zwei-Kinder-Familie ausgerichtet ist. Trotzdem kann je nach Alter und Infektanfälligkeit des Kindes eine solche Reiserücktrittkostenversicherung eine sehr sinnvolle Investition sein. Im Krankheitsfall erhalten Sie Ihr Geld komplett oder mit Abzug einer Selbstbeteiligung zurück. Es gibt viele Tarife, die Schutz vor finanziellen Nachteilen durch Erkrankungen bieten, die während der Reise auftreten. Dafür zahlen Sie dann etwa 20 Prozent mehr.

Risikolebensversicherung

Die Risikolebensversicherung zählt prinzipiell zu den Versicherungen, die sehr zu empfehlen sind. Sie zahlt eine größere Summe an Angehörige des Versicherten, wenn dieser sterben sollte. Die meisten Menschen empfinden es als beruhigend, Ihre Lieben für diesen Fall finanziell abgesichert zu wissen. Zur Trauer um den Verlust von Vater oder Mutter sollen nicht auch noch Geldsorgen kommen. Aus diesem Grund erfreut sich die Risikolebensversicherung großer Beliebtheit.

Die Prämien für diese Versicherung richten sich nach der Versicherungssumme, dem Alter, dem Bildungsstand, dem Gesundheitszustand und dem Beruf des Versicherungsnehmers (das Geschlecht spielt seit der Einführung der Unisex-Tarife Ende 2012 keine Rolle mehr).

So kann eine 35-jährige Verwaltungsangestellte schon für 210 Euro im Jahr einen Vertrag mit einer Versicherungssumme von 250 000 Euro bei einer Laufzeit von 30 Jahren abschließen. Je jünger Sie sind, desto niedriger ist die Versicherungsprämie. Sollten Sie rauchen oder gefährlichen Hobbys nachgehen wie Kitesurfen oder Radrennfahren, müssen Sie mit höheren Beiträgen rechnen. Gefährliche Hobbys können auch ganz vom Schutz ausgeschlossen sein. Allerdings müssen Sie sie nur bei Vertragsabschluss angeben, danach nicht mehr. Falls Sie also beispielsweise mit dem Klettern oder Tauchen erst nach Vertragsabschluss beginnen, müssen Sie das meist nicht nachmelden.

Haben Sie und Ihr Ex-Partner das gemeinsame Sorgerecht, kann er als Verwalter des Vermögens eingesetzt werden.

Allerdings sollten Alleinerziehende einen Punkt bedenken: Haben Sie und Ihr Ex-Partner das gemeinsame Sorgerecht, kann es sein, dass er als Verwalter des Vermögens eingesetzt wird, das Sie Ihrem Kind gerne zukommen lassen wollen. Wenn man sich gut versteht und der andere Elternteil sich für den Fall, dass Sie sterben, um das Kind kümmert, kann das eine gute Sache sein.

Traut er oder sie sich das allerdings nicht zu, sucht das Jugendamt eine Pflegefamilie oder einen Heimplatz. Und Ihr Geld aus der Risikolebensversicherung wird eingesetzt, um diesen Platz zu bezahlen. Falls der andere Elternteil überhaupt nichts zur finanziellen Versorgung des Kindes beitragen kann oder nur sehr wenig, geht also die Versicherungssumme hauptsächlich dafür drauf. Ein Pflegeplatz kostet monatlich je nach Alter des Kindes und je nach Bundesland etwa 700 bis 900 Euro, ein Kinderheimplatz kann auch 4000 bis 5000 Euro monatlich verschlingen.

→ Für Sicherheit sorgen

Sollte der andere Elternteil sich um das Kind kümmern, ist es seine Sache, wie er mit dem treuhänderisch ihm übereigneten Geld umgeht. Speziell bei Trennungen, die aufgrund von Spielsucht, Kaufsucht oder anderen Problemen im Zusammenhang mit Geld zustande kamen, ist es also dringend notwendig, sich vor dem Abschluss einer solchen Risikolebensversicherung gut beraten zu lassen. Zusätzlich sollten Sie eine Sorgerechtsverfügung (siehe „Vorkehrungen für den Todesfall", S. 25) erstellen und ein rechtlich unanfechtbares Testament, in dem Sie beispielsweise eine Person Ihres Vertrauens als Testamentsvollstrecker für Ihr Kind einsetzen.

Private Unfallversicherung

Anders als die gesetzliche Unfallversicherung, die ein Teil unseres Sozialsystems ist und greift, wenn Sie arbeitsbedingte gesundheitliche Schäden erleiden (zum Beispiel durch Berufskrankheiten oder Arbeitsunfälle), ist die private Unfallversicherung eine Art Rundumschutz gegen die Folgen unfallbedingter Schäden. Sie springt also auch ein, wenn Ihnen in der Freizeit etwas zustößt, und zwar in der Regel weltweit und ohne zeitliche Einschränkungen.

Die Beitragshöhe richtet sich nach der Altersklasse (Kinder, Erwachsene, Senioren), der Gefahrenklasse und nach den versicherten Leistungen. Über eine Unfallversicherung können Sie auch Invalidität – schon ab 1 Prozent attestierter Invalidität – und den Todesfall versichern. Außerdem können Sie Krankentagegeld als Versicherungsleistung erhalten, was eventuell interessant ist, falls Sie nicht gesetzlich krankenversichert sind. Schwere Unfälle sind allerdings sehr selten. Dauerschäden durch Unfall sind glücklicherweise noch seltener.

Tierhalterhaftpflichtversicherung

In einigen Bundesländern ist die Tierhalterhaftpflichtversicherung Pflicht – zum Beispiel für Besitzer von Pferden und Hunden. Denn reißt sich Ihr Hund von der Leine los und verursacht danach einen Verkehrsunfall mit hohem Sachschaden und eventuell sogar Verletzten, greift Ihre private Haftpflichtversicherung nicht.

Kleintiere wie Katzen, Meerschweinchen und Vögel sind in der Privathaftpflichtversicherung inbegriffen. Zerkratzt Ihre Katze also den Seidenschal einer Bekannten, übernimmt die Haftpflicht diese Kosten.

Verkehrsrechtsschutzversicherung

Jenseits der juristischen Erstberatung, die im Autoschutzbrief enthalten ist, bietet die Verkehrsrechtsschutzversicherung Schutz gegen kostspielige Prozesse und Anwaltskosten. Bei Unfällen gibt es nicht selten Streit über den Unfallhergang und die Schuldfrage. In einer solchen Situation ist es hilfreich, einen Anwalt an seiner Seite zu haben, der die Kommunikation mit Polizei, Unfallgegner und Versicherung übernimmt – insbesondere, falls Personen zu Schaden gekommen sind und es Schadensersatz- oder Schmerzensgeldforderungen gibt. Die Verkehrsrechtsschutzversicherung deckt übrigens normalerweise auch Schadensfälle ab, die sich im Ausland ereignen. Es spielt dabei keine Rolle, ob Sie als Versicherte Schuld an dem Unfall hatten.

Wohngebäudeversicherung

Für Besitzer von Wohngebäuden ein Muss: die Versicherung des Eigentums gegen Feuer, Sturm und Leitungswasserschäden. Gegen diese finanziellen Katastrophen schützt die sogenannte verbundene Wohngebäudeversicherung – es ist aber auch möglich, alle diese Risiken einzeln zu versichern.

Die Höhe der Prämie richtet sich nach dem Wert der versicherten Immobilie und ihrer Lage. Sie ist eine „gleitende Neuwertversicherung“. Das bedeutet, dass die versicherte Summe ständig an den aktuellen Wert der Immobilie angepasst wird und es keine feste Leistungsobergrenze gibt. So ist garantiert, dass Sie im Schadensfall genau die Summe erhalten, die Sie benötigen, um Ihr Eigentum zu den heutigen Preisen wieder aufzubauen.

Da die Preise für Wohngebäudeversicherungen sehr weit auseinanderliegen, lohnt sich hier ein ausgiebiger Preisvergleich besonders. Siehe dazu auch test.de/wohngebaeudeversicherung.

Nach einer Trennung – gelten meine Versicherungen noch?

Was Sie als getrennter Elternteil bedenken müssen und was Sie möglichst schnell regeln sollten.

Als Elternpaar, das zusammen lebt und wirtschaftet, haben Sie im Normalfall auch gemeinsame Versicherungen. Wer nach einer Trennung alleinerziehend ist, muss alles neu organisieren.

Der- oder diejenige, auf den die Versicherung läuft, ist und bleibt Versicherungsnehmer. Als Versicherungsnehmerin sind Sie wahrscheinlich gut beraten, wenn Sie dem Versicherer mitteilen, dass Sie sich getrennt haben und der Ex-Partner zum Beispiel nicht mehr in der Privathaftpflichtversicherung für die Familie mitgeführt werden soll. Denn spätestens mit der Scheidung ist es seine Verantwortung, sich eine eigene private Haftpflichtversicherung zuzulegen. Gleiches gilt natürlich auch, falls die Versicherung auf den Ex-Partner lief und Sie und das gemeinsame Kind im Rahmen der Familienabsicherung dort mitgeführt wurden.

Da Ihr Ex-Partner nicht verpflichtet ist, Ihnen mitzuteilen, ob er Sie aus der Versicherung hat herausnehmen lassen, ist es klug, vorsorglich zu handeln und eine eigene Privathaftpflicht abzuschließen, die auch das bei Ihnen lebende Kind in den Versicherungsschutz einschließt. Auch im Trennungsjahr kann das schon eine sehr gute Idee sein, obwohl Sie rein rechtlich während dieser Zeit noch gemeinsamen Versicherungsschutz genießen. Vielleicht möchten Sie im Schadensfall nicht auf das Wohlwollen und die Kooperationsbereitschaft des Ex-Partners angewiesen sein, der als Vertragsnehmer mit der Versicherung korrespondiert.

Ein weiterer wichtiger Punkt ist die gemeinsame Krankenversicherung als Familie. Sie bleibt während der Trennungszeit zwar bestehen, endet aber mit der Scheidung abrupt. Waren Sie bisher mit dem oder den Kindern über die beitragsfreie Familienversicherung beim Partner mitversichert, müssen Sie selbst Mitglied einer Krankenkasse werden, um sich und Ihr Kind abzusichern. Wenn Sie im Angestelltenverhältnis arbeiten und Ihr Einkommen unter einem relativ hohen Jahresbeitrag liegt, wird das immer eine gesetzliche Kasse sein, die Sie frei wählen können. Haben Sie keinen Job, ist die freiwillige Versicherung in der gesetzlichen Krankenkasse meist die beste Option, auch wenn private Krankenversicherungen mit scheinbar attraktiven Tarifen locken.

Auch bei der Kfz-Versicherung müssen Sie wachsam sein: Eine Trennung ändert nichts daran, dass Versicherungsnehmer derjenige ist, der den Vertrag unterschrieben hat. Wenn Ihr Auto, das ausschließlich Sie fuhren, also auf Ihren Ex-Partner zugelassen und über ihn versichert war und Sie nur als weitere Fahrzeugnutzerin eingetragen waren, sollten Sie sich darum kümmern, den Wagen selbst zu versichern. Sie haben das Recht, sich den Schadenfreiheitsrabatt übertragen zu lassen, und können dies mit dem Versicherer schriftlich regeln. Am einfachsten geht das natürlich, wenn Sie sich mit Ihrem Ex-Partner einigen, ohne Anwälte hinzuziehen zu müssen.

Bei der Lebensversicherung, so vorhanden, sollten Sie unbedingt prüfen, ob Sie noch denjenigen begünstigen wollen, der vor der Trennung als bezugsberechtigt eingetragen war. Das Kind oder die Kinder als zu Begünstigende einzusetzen kann auch Fallstricke bereithalten, weil der andere Sorgeberechtigte im Falle Ihres Todes treuhänderisch das Vermögen der Kinder verwaltet und somit Ihr Erbe antritt, siehe „Vorkehrungen für den Todesfall", S. 25.

Außerdem noch wichtig: die Hausratversicherung. Falls sie auf Sie lief, bleibt alles, wie es ist. Bei einem Umzug müssen Sie natürlich daran denken, der Versicherung zeitnah die neue Adresse mitzuteilen, aber das gilt für alle Versicherungen und Behörden. Möglicherweise hat sich der Wert des Hausrats durch den Auszug des Ex-Partners deutlich verringert – in diesem Fall könnten Sie die Summe des versicherten Hab und Guts niedriger ansetzen und so Beiträge sparen. Aber da Hausratversicherungen relativ günstig sind und, falls Fahrräder und Kinderspielfahrzeuge eingeschlossen sind, bestimmte Prozentsätze (meist 1 bis 2 Prozent) der Gesamtversicherungssumme dafür angesetzt werden, lohnt sich das nur bei wirklich eklatanten Summen durch teure Musikanlagen, wertvolle Bilder und Sammlerobjekte, die mit dem Ex die gemeinsame Wohnung verlassen haben.

Gut zu wissen

Wenn der Partner verstorben ist, sollten Sie ebenfalls Ihren Schutz prüfen. Waren Sie über die Versicherung Ihres Partners mitversichert, besteht der Versicherungsschutz bei der Privathaftpflicht und der Wohngebäudeversicherung weiter, bis der nächste Beitrag fällig wird. Die Mitversicherung in der Krankenversicherung endet hingegen mit dem Tod. Hier sollten Sie eine Weiterversicherung sicherstellen. Bei allen anderen Versicherungen sollten Sie sich nach den Bedingungen für die Weiterführung erkundigen.

Entscheiden, was Sie schnell regeln sollten

Vielleicht wissen Sie gerade in der ersten Zeit nach der Entscheidung zur Trennung nicht, wo Ihnen der Kopf steht, und Sie haben einen ganzen Berg an praktischen Problemen rund um die Aufteilung der Haushalte und rechtliche Streitereien. Das ist leider nicht ungewöhnlich. Trotzdem sollten Sie sich relativ bald einen Überblick verschaffen, wo Ihre Versicherungslücken sind und ob Sie dafür sorgen müssen, dass der Ex-Partner möglichst rasch aus einem Vertrag herausgenommen wird.

Eine saubere Trennung dieser beiden Versicherungen ist grundsätzlich so rasch wie möglich eine gute Idee.

Nehmen wir zum Beispiel einmal an, der Ex-Partner habe Geldsorgen oder sei spielsüchtig und sei Besitzer eines teuren Rennrads im Wert von 3000 Euro. Dieses könnte „gestohlen" werden. Er würde 3000 Euro von der Hausratversicherung erstattet bekommen, und all das wird dann über Ihre Versicherung abgewickelt. Falls sich solche Schadensfälle häufen, könnte es irgendwann für Sie selbst problematisch werden, eine neue Hausratversicherung zu einem guten Preis zu bekommen, oder die Versicherung kündigt den bestehenden Schutz beziehungsweise schränkt ihn ein. Gleiches gilt natürlich für Missgeschicke wie sich auf teure Brillen von Bekannten zu setzen, die über die gemeinsame Privathaftpflicht abgewickelt werden. Selbst ohne dem Ex-Partner Böses zu unterstellen: Eine saubere Trennung dieser beiden Versicherungen ist grundsätzlich so rasch wie möglich eine gute Idee.

Bei der Krankenversicherung können Sie sich im Trennungsjahr Zeit lassen, bevor Sie etwas ändern, weil Sie für jedes Familienmitglied eine eigene Versichertenkarte haben und wohl kaum jemand absichtlich krank wird oder Leistungen abgreift.

Hilfe

1 Fachbegriffe erklärt
siehe S. 150

2 Düsseldorfer Tabelle
siehe S. 154

3 Stichwortverzeichnis
siehe S. 157

4 Impressum
siehe S. 160

Fachbegriffe erklärt

Aufenthaltsbestimmungsrecht. Das Recht, zu entscheiden, wo das Kind wohnt. Es ist ein Teil der Personensorge, die wiederum ein Teilbereich des Sorgerechts ist. Das Aufenthaltsbestimmungsrecht kann durch das Familiengericht auf Antrag einem der beiden sorgeberechtigten Elternteile übertragen werden. Alleinerziehende mit alleinigem Sorgerecht haben automatisch das Aufenthaltsbestimmungsrecht. Alleinerziehende mit gemeinsamem Sorgerecht, die das Aufenthaltbestimmungsrecht haben, dürfen ohne Einverständnis des anderen Elternteils umziehen.

Barunterhalt. Geldzahlungen, die der unterhaltspflichtige Elternteil leistet, damit der Lebensbedarf des Kindes sichergestellt ist. Der Barunterhalt muss regelmäßig und zum Monatsanfang gezahlt werden, allerdings nicht in bar, wie dies der Name fälschlicherweise vermuten lässt.

Bedarfskontrollbetrag. Der Bedarfskontrollbetrag des Unterhaltspflichtigen ist etwas anderes als sein Eigenbedarf. Er soll eine ausgewogene Verteilung des Einkommens zwischen dem Unterhaltspflichtigen und den unterhaltsberechtigten Kindern gewährleisten. Wird der Bedarfskontrollbetrag unterschritten, erhalten alle Unterhaltsberechtigten weniger Unterhalt, als in der Düsseldorfer Tabelle veranschlagt ist.

Betreuungsunterhalt. Unterhalt für Kinder unter drei Jahren, der bei Bedürftigkeit zusätzlich zum Kindesunterhalt gezahlt wird. Der Betreuungsunterhalt soll Verdienstausfälle kompensieren und richtet sich nach dem Gehalt, das dem alleinerziehenden Elternteil durch die Kindererziehung entgeht. Dabei wird Elterngeld ab einer Summe von 300 Euro als Einkommen betrachtet. Anders als beim nachehelichen Unterhalt beziehungsweise Ehegattenunterhalt müssen Sie für Betreuungsunterhalt nicht verheiratet gewesen sein.

Bildungs- und Teilhabepaket (BuT). Auf Antrag erhältliche Förderung für bedürftige Kinder, die Bildung und Teilhabe sichern soll. Bezugsberechtigt sind Kinder aus Bedarfsgemeinschaften in Hartz IV und Sozialhilfebezug, Empfänger von Wohngeld und Kinderzuschlag. Zu den geförderten Maßnahmen gehören Nachhilfe bei schlechten Noten, Ausstattung mit Schulmaterialien, gemeinsame Mahlzeiten in Kita und Schule, Vereinsbeiträge und Förderung von Klassenfahrten/Ausflügen.

Düsseldorfer Tabelle. Die Düsseldorfer Tabelle (Siehe S. 154) dient der Bemessung der Unterhaltszahlungen des unterhaltspflichtigen Elternteils abhängig von seinem Einkommen. Sie gilt für minderjährige und volljährige Kinder. Sie hat zwar keine Gesetzeskraft, wird aber von Familiengerichten als Orientierungshilfe herangezogen. Die Sätze der Düsseldorfer Tabelle werden etwa alle zwei Jahre angepasst und durch ein Gremium des Oberlandesgerichts Düsseldorf in Abstimmung mit anderen Oberlandesgerichten und dem Deutschen Familiengerichtstag festgelegt. Der tatsächliche Zahlbetrag liegt stets unter der Summe, die in der Düsseldorfer Tabelle aufgelistet ist, weil von ihr noch das hälftige Kindergeld abgezogen wird.

Entlastungsbetrag. Alleinerziehende, die Steuerklasse 2 beantragt haben, können jährlich 1908 Euro von ihrem Bruttoeinkommen absetzen. Pro weiterem Kind kommen 240 Euro und Jahr dazu. Voraussetzung dafür ist, dass im Haushalt mindestens ein Kind wohnt, für das Kindergeld oder Kinderfreibetrag bezogen wird, und kein weiterer Erwachsener mit im Haushalt lebt. Bei Festangestellten wird der Entlastungsbetrag schon bei der Auszahlung des Gehalts berücksichtigt.

Gesundheitssorge. Die Gesundheitssorge ist ein Teil der Personensorge, die wiederum ein Teilbereich des Sorgerechts ist. Unter die Gesundheitssorge fallen alle Entscheidungen aus dem Bereich Gesundheit, die keine alltäglichen Entscheidungen sind – also zum Beispiel Operationen oder Psychotherapie fürs Kind.

Kinderzuschlag. Der Kinderzuschlag ist für Familien gedacht, die zwar eigenes Einkommen erwirtschaften, aber trotzdem finanziell kaum über die Runden kommen. Um den Kinderzuschlag beziehen zu können, müssen Sie innerhalb eines gewissen Einkommenskorridors liegen und dürfen kein Hartz IV bekommen. Voraussetzung für den Bezug ist, dass Sie Kindergeld für das Kind erhalten. Kinderzuschlag wird nur auf Antrag ausgezahlt und für sechs Monate im Voraus bewilligt.

Mehrbedarf. Mehrbedarf ist ein ständig vorhandener Bedarf, der dem Kindesunterhalt zugerechnet wird und der durch den laufenden Unterhalt nicht gedeckt werden kann. Ebenso wie beim Sonderbedarf müssen beide Elternteile den Mehrbedarf anteilig tragen. Beispiele für Mehrbedarf sind Kita- beziehungsweise Krippengebühren, Hortkosten und Internatskosten.

Nachehelicher Unterhalt. Geschiedene Alleinerziehende können bei Bedürftigkeit für sich selbst Unterhalt bekommen, bis das Kind drei Jahre alt ist. Soll der nacheheliche Unterhalt über den dritten Geburtstag des Kindes hinaus weiterfließen, muss es schwerwiegende Gründe geben. Der nacheheliche Unterhalt wird zusätzlich zum Kindesunterhalt gezahlt und auch als Ehegattenunterhalt bezeichnet.

Personensorge. Das Recht und die Pflicht, das Kind zu pflegen, zu erziehen, zu beaufsichtigen und seinen Aufenthalt zu bestimmen. Die Personensorge ist ein Teil des Sorgerechts und wird bei gemeinsamem Sorgerecht gemeinsam ausgeübt.

Prozesskostenhilfe (Verfahrenskostenhilfe). Prozesskostenhilfe wird für ein Gerichtsverfahren gewährt, wenn die Erfolgsaussichten als ausreichend beurteilt werden, der Verfahrensausgang also zumindest offen ist, oder wenn vor Gericht Anwaltszwang herrscht und Sie sich keinen Anwalt leisten können, zum Beispiel bei Scheidungen. Ob Ihnen Verfahrenskostenhilfe zusteht, entscheidet das zuständige Gericht auf Antrag.

Selbstbehalt. Das dem Unterhaltspflichtigen mindestens zu belassende notwendige Einkommen. Es liegt momentan bei 1080 Euro im Monat für Erwerbstätige und 880 Euro für Unterhaltspflichtige, die nicht erwerbstätig sind. Einen Selbstbehalt für Alleinerziehende, der ihre Existenz sichert, gibt es nicht.

Sonderbedarf. Als Sonderbedarf werden unvorhersehbare Ausgaben bezeichnet, während fortlaufende Mehrausgaben für das Kind Mehrbedarf genannt werden. Beispiele für Sonderbedarf sind eine Zahnspange, Kosten für eine Brille, möglicherweise auch Klassenfahrten, je nach Vorhersehbarkeit der Ausgabe. Der Gesetzgeber verlangt, dass beide Elternteile den Sonderbedarf anteilig zu ihrer jeweiligen Einkommenssituation tragen.

Sorgerechtsverfügung. Mit der Sorgerechtsverfügung legen Sie fest, auf wen das

Sorgerecht für Ihr Kind übergehen soll, falls Sie versterben. Sie ähnelt einem Testament (und kann deswegen auch Teil eines Testaments sein). Es ist möglich, einzelne Teile der Sorge auf verschiedene Menschen zu verteilen, zum Beispiel die Vermögenssorge auf die Großeltern und die Gesundheitssorge auf andere Menschen Ihres Vertrauens.

Sorgerechtsvollmacht. Die Sorgerechtsvollmacht ist für den Fall gedacht, dass der Elternteil mit Sorgerecht schwer erkrankt und seine Sorge nicht mehr wahrnehmen kann. Sie ist eine Art Vertretungsvollmacht.

Trennungsunterhalt. Trennungsunterhalt steht nur verheirateten Alleinerziehenden zu. Er kann während des Trennungsjahres und danach bis zur Rechtskraft der Scheidung gezahlt werden. Voraussetzung ist, dass das Einkommen des alleinerziehenden Elternteils nicht ausreicht, um den gewohnten ehelichen Lebensstandard zu wahren.

Umgangsrecht. Das Recht des Elternteils, bei dem das Kind nicht lebt, dieses gelegentlich bei sich zu haben, zu besuchen oder mit ihm etwas zu unternehmen. Es ist unabhängig davon, ob gemeinsames Sorgerecht besteht, und auch unabhängig davon, ob Unterhalt bezahlt wird. Auch Eltern, die nie mit dem Kind gelebt haben oder die durch einen One-Night-Stand zum Elternteil wurden, haben ein Recht auf Umgang mit ihrem Kind. Besuchsrecht und Umgangsrecht meinen das Gleiche, vor Gericht wird aber der Begriff Umgangsrecht benutzt.

Unterhaltstitel. Ein Unterhaltstitel hilft Ihnen, Ihren Unterhaltsanspruch durchzusetzen, notfalls durch eine Zwangsvollstreckung per Gerichtsvollzieher. Grundlage für einen solchen Titel kann beispielsweise eine Jugendamtsurkunde, eine notariell beurkundete Unterhaltsverpflichtung, ein Gerichtsurteil oder -beschluss oder ein Anwaltsvergleich mit Vollstreckbarkeitserklärung sein.

Unterhaltsvorschuss (UHV). Eine Unterhaltsersatzleistung für Kinder von Alleinerziehenden, die keinen Unterhalt erhalten. Er wird beim Jugendamt beantragt und fällt deutlich geringer aus als der Mindestunterhalt nach Düsseldorfer Tabelle, weil bei ihm das volle Kindergeld angerechnet wird. Für Kinder ab zwölf Jahren ist ein Mindesteinkommen des betreuenden Elternteils von 600 Euro im Monat Voraussetzung, um die Leistung zu erhalten. Unterhaltsvorschuss kann bis maximal zum 18. Geburtstags eines Kindes bezogen werden, aber innerhalb der ersten 18. Lebensjahre zeitlich unbegrenzt. Bei Unterhaltszahlungen unterhalb des Unterhaltsvorschuss-Niveaus kann auch aufstockender Unterhaltsvorschuss in Anspruch genommen werden.

Düsseldorfer Tabelle mit Zahlbeträgen

Aus der folgenden Tabelle können Sie die tatsächlichen Unterhaltsbeträge nach Abzug des Kindergeldanteils ablesen. Bei minderjährigen Kindern wird die Hälfte des Kindergelds abgezogen, bei volljährigen Kindern das gesamte Kindergeld.

Nettoeinkommen des Unterhaltspflichtigen in €		Altersstufen in Jahren / Beträge in € (§ 1612A ABS. 1 BGB)				Bedarfskontrollbetrag
und Zahlbetrag nach Anzahl Kinder gestaffelt		0 bis 5	6 bis 11	12 bis 17	ab 18	
1.	**bis 1 900**					**880/1 080**
	1. und 2. Kind	252	304	374	323	
	3. Kind	249	301	371	317	
	ab dem 4. Kind	236,5	288,5	358,5	292	
2.	**1 901–2 300**					**1 300**
	1. und 2. Kind	270	325	398	350	
	3. Kind	267	322	395	344	
	ab dem 4. Kind	254,5	309,5	382,5	319	
3.	**2 301–2 700**					**1 400**
	1. und 2. Kind	288	345	422	376	
	3. Kind	285	342	419	370	
	ab dem 4. Kind	272,5	329,5	406,5	345	
4.	**2 701–3 100**					**1 500**
	1. und 2. Kind	306	365	446	403	
	3. Kind	303	362	443	397	
	ab dem 4. Kind	290,5	349,5	430,5	372	
5.	**3 101–3 500**					**1 600**
	1. und 2. Kind	323	386	470	429	
	3. Kind	320	383	467	423	
	ab dem 4. Kind	307,5	370,5	454,5	398	

Nettoeinkommen des Unterhaltspflichtigen in € und Zahlbetrag nach Anzahl Kinder gestaffelt		Altersstufen in Jahren / Beträge in € (§ 1612A ABS. 1 BGB)				Bedarfskontroll-betrag
		0 bis 5	6 bis 11	12 bis 17	ab 18	
6.	**3501–3900**					**1700**
	1. und 2. Kind	352	418	508	471	
	3. Kind	349	415	505	465	
	ab dem 4. Kind	336,5	402,5	492,5	440	
7.	**3901–4300**					**1800**
	1. und 2. Kind	380	451	546	513	
	3. Kind	377	448	543	507	
	ab dem 4. Kind	364,5	435,5	530,5	482	
8.	**4301–4700**					**1900**
	1. und 2. Kind	408	483	584	555	
	3. Kind	405	480	581	549	
	ab dem 4. Kind	392,5	467,5	568,5	524	
9.	**4701–5100**					**2000**
	1. und 2. Kind	437	516	622	598	
	3. Kind	434	513	619	592	
	ab dem 4. Kind	421,5	500,5	606,5	567	
10.	**5101–5500**					**2100**
	1. und 2. Kind	465	548	660	640	
	3. Kind	462	545	657	634	
	ab dem 4. Kind	449,5	532,5	644,5	609	
11.	**ab 5501 € nach den Umständen des Falles**					

Düsseldorfer Tabelle: Bedarfssätze

Aus der folgenden Tabelle können Sie den monatlichen Unterhaltsbedarf minderjähriger und volljähriger Kinder (ohne Beiträge zur Kranken- und Pflegeversicherung sowie Studiengebühren) ablesen. Mehr zur Düsseldorfer Tabelle und zum Bedarfskontrollbetrag finden Sie unter „Die Düsseldorfer Tabelle" auf S. 60

Einkommensgruppe bei unterhaltsrelevantem Nettoeinkommen		Altersstufen in Jahren				Bedarfskontrollbetrag
		0 bis 5	6 bis 11	7 bis 12	ab 18	
1	0 bis 1 900 €	354 €	406 €	476 €	527 €	880/1 080 €
2	1 901 bis 2 300 €	372 €	427 €	500 €	554 €	1 300 €
3	2 301 bis 2 700 €	390 €	447 €	524 €	580 €	1 400 €
4	2 701 bis 3 100 €	408 €	467 €	548 €	607 €	1 500 €
5	3 101 bis 3 500 €	425 €	488 €	572 €	633 €	1 600 €
6	3 501 bis 3 900 €	454 €	520 €	610 €	675 €	1 700 €
7	3 901 bis 4 300 €	482 €	553 €	648 €	717 €	1 800 €
8	4 301 bis 4 700 €	510 €	585 €	686 €	759 €	1 900 €
9	4 701 bis 5 100 €	539 €	618 €	724 €	802 €	2 000 €
10	5 101 bis 5 500 €	567 €	650 €	762 €	844 €	2 100 €
11	ab 5 501 € nach den Umständen des Falles					

Stichwortverzeichnis

A

Abholung bevollmächtigen 23
Adoption 51
Aktien-ETF 118
Aktienfonds 118
Alleinerziehenden-WG 8, 68, 97
Alleinsorge siehe Sorgerecht, alleiniges
Altersvorsorge 9, 99, 111
– Fehler vermeiden 124
–, private 117
– Selbstständige 115
Anleihen 121
Ansprechpartner 29
Arbeit siehe Berufsleben
Arbeitgeberzuschuss 46
Aufenthaltsbestimmungsrecht 150
Au-Pair 47
Autoschutzbrief 134

B

Bafög 79, 96, 110
Barunterhalt 12, 50, 150
Basiselterngeld siehe Elterngeld
Beamte 128
Bedarfskontrollbetrag 150
Beratung 14, 21, 29
–, rechtssichere 22
Beratungshilfe 13, 22, 80
Berufsausbildung 88
Berufsausbildungsbeihilfe (BAB) 35, 79
Berufsleben 14, 31
– Arbeitspensum 33
– Bewerbung 32, 39
– Weiterbildung 34
Berufsunfähigkeitsversicherung 134
Betreuungsmodelle 12
Betreuungsunterhalt 51, 56, 151
Betriebsrente 100, 122
Bildungs- und Teilhabepaket (BuT) 45, 72, 151
Brückenteilzeit 36

D

Deliktunfähigkeit 141
Deutsche Rentenversicherung 101
Düsseldorfer Tabelle 54, 60, 151, 154, 156

E

Ehegattensplitting 85
Ehegattenunterhalt 51, 57
Einkommen 31
Einnahmen steigern 16
Elterngeld 66
ElterngeldPlus 67
Elternteil, betreuender 12
Elternzeit 38, 66, 68
–, Rückkehrrecht nach 38
Entlastungsbetrag 151
Entscheidungen 18, 21
Erledigungen, erste 14
Erwerbsunfähigkeitsversicherung 136
Erziehungsrente 108, 110
Exchange Traded Fund (ETF) 100, 118
Existenzminimum, steuerliches 104

F

Familiengeld in Bayern 69
Familiengericht 21
Finanzen prüfen 15
Finanzielle Nachteile 93
Fixkosten 15
Fonds 117

G

Gerichts- und Anwaltskosten 22, 80
Gesundheitssorge 151
Grundsicherung 77
Grundsicherungssatz 104

H

Halbwaisenrente 109
Hartz IV 70, 72, 77
Haushalt, gemeinsamer 97
Haushaltshilfe 23, 24, 25
Hausratversicherung 135, 137
Heirat, neue 95, 108, 110
Hilfen, staatliche 7, 17, 65
Hinterbliebenenrente 106

I/J

Impfung 19
Jugendamt 13, 21, 25, 45
Jugendamtsurkunde 53

K

Kapitallebensversicherung 125, 141
Kfz-Versicherungen 138, 148
Kinder
– mit Nebeneinkünften 96
–, volljährige 94
Kinderbetreuung 8, 14, 34, 41
– als Minijob 46
– Alternativen 47
–, Hilfe bei der 23
– Kosten absetzen 47, 92
– Kosten einklagen 15, 44
– Platzvergabe 41
– Rechtsanspruch 41, 43
– Säuglinge 42
– Zuschüsse 44
Kinderfreibetrag 60, 90
Kindergartenplatz 34
Kindergeld 60, 87
– für Kinder mit Behinderung 88, 90
– für junge Erwachsene 87
– Höhe 87
– Übergangszeit 88
Kinderinvaliditätsversicherung 139
Kinderkrankengeld 37
Kinderkranktage 132
–, Anspruch auf 37, 40
Kindersitter 46
Kinderunfallversicherung 140
Kinderwohngeld 72
Kinderzuschlag 7, 75, 151
Kindesunterhalt 50, 54
Kita-Platz 8, 41
Kommunikation 13
Kosten senken 16
Krankenversicherung 24, 127
– Beitragsbemessungsgrenze 129
– Elternzeit 130
–, gesetzliche 128
– nach der Trennung 147
–, private 129
Kündigungsschutz 38
Künstlersozialkasse 131

L/M

Landeserziehungsgeld in Sachsen 70
Lebensversicherung 141, 148
Leihoma/Leihopa 47
Mediation 13, 21
Mehrbedarf 78, 152
Minijob 9, 35, 37, 105
Mutterschaftsgeld 66
Mutterschutz 66

N

Nachbarschaftsnetzwerk 47
Nachehelicher Unterhalt 51, 57, 152
Namenswahl 20
Nestmodell 13
Notfallbetreuung 23, 25
Notfallmütter 23

P

Pantoffel-Portfolio 119, 121
Paten, kirchliche 25
Personensorge 18, 152
Privathaftpflichtversicherung 141, 149
Promotion 88
Prozesskostenhilfe siehe Verfahrenskostenhilfe

R

Rechte prüfen 17
Rechtliche Vertretung 18
Rechtsschutzversicherung 142
Reiseversicherung 143
Religiöse Erziehung 19
Rente, gesetzliche 99
Rentenbeiträge, freiwillige 104
Rentenberatung 108
Renteninformation 101
Rentensplitting 108
Rentenversicherung 104
Residenzmodell 12
Riester-Vertrag 9, 100, 111
– Anbieter wechseln 115
– Arten 113
– Einlagen vererben 111
Risikolebensversicherung 144
Rundfunkgebühren 75
Rürup-Rente 115

S

Schulabschluss nachholen 35
Selbstbehalt 152
Sonderbedarf 152
Sorgerecht
–, alleiniges 17, 18
–, gemeinsames 17, 18
– Teilbereiche 18
–, vernachlässigtes 20
Sorgerechtsverfügung 26, 153
Sorgerechtsvollmacht 26, 153
Sozialauswahl 38
Sozialpass 75
Starke-Familien-Gesetz 46
Sterbevierteljahr 108
Steuererklärung 93
Steuern 85
Studierende 79, 88

T

Teilzeit 35
– in Elternzeit 69
Tierhalterhaftpflichtversicherung 145
Trennungsunterhalt 51, 57, 153

U

Umgangspflicht, vernachlässigte 21
Umgangsrecht 18, 153
Umzug 34
Unfallversicherung, private 145
Unterhalt 6, 14, 17, 49
– absetzen 90
– Arten 51
– aufstocken 61
– einfordern 54, 56
– ermitteln 60
– für den betreuenden Elternteil 51
– Kindesunterhalt 50, 54
– Mangelfall 52
– Mehrbedarf 57
– Selbstbehalt 54, 57
– Sonderbedarf 57
Unterhaltsersatz im Todesfall 110
Unterhaltstitel 52, 153
Unterhaltsverfahren, vereinfachtes 53
Unterhaltsvorschuss (UHV) 14, 62 153
Unterstützung 21
Urlaub 19

V

Vater 12
–, rechtlicher 18
Verband allein erziehender Mütter und Väter (VAMV) 28
Verfahrenskostenhilfe 13, 22, 54, 80, 152
Verkehrsrechtsschutzversicherung 146
Vermögenssorge 18
Versicherungen 14, 127, 134
– im Todesfall 148
– nach der Trennung 147
Vollmacht 21, 23
Vollzeit 35, 43
Vorsorge 14
– für den Notfall 23
– für den Todesfall 25

W

Wechselmodell 12
– Steuern 86
Witwenrente 106
Witwensplitting 87
Wohnberechtigungsschein (WBS) 72
Wohngebäudeversicherung 146
Wohngeld 71
Wohngemeinschaften 97
Wohnsitz des Kindes 12, 20

Z

Zahlbeträge, Düsseldorfer Tabelle 154
Zahnzusatzversicherungen 133
Zusammenziehen 95
Zusatzversicherungen, private 128, 132
Zuschüsse, staatliche 15, 70
– zur Grundsicherung 77

Die Stiftung Warentest wurde 1964 auf Beschluss des Deutschen Bundestages gegründet, um dem Verbraucher durch vergleichende Tests von Waren und Dienstleistungen eine unabhängige und objektive Unterstützung zu bieten.

Wir kaufen – anonym im Handel, nehmen Dienstleistungen verdeckt in Anspruch.

Wir testen – mit wissenschaftlichen Methoden in unabhängigen Instituten nach unseren Vorgaben.

Wir bewerten – von sehr gut bis mangelhaft, ausschließlich auf Basis der objektivierten Untersuchungsergebnisse.

Wir veröffentlichen – anzeigenfrei in unseren Büchern, den Zeitschriften test und Finanztest und im Internet auf www.test.de.

Die Autorin: Christine Finke ist Journalistin und Buchautorin. Sie lebt mit ihren drei Kindern und zwei Katzen in Konstanz am Bodensee – alleinerziehend seit 2009. Seit 2014 bringt sie sich als Stadträtin in die Konstanzer Lokalpolitik ein. Ihre Stimme ist dank ihres Blogs „Mama arbeitet" bundesweit sehr präsent und hat sie zur gefragten Expertin für Alleinerziehende gemacht.

Stiftung Warentest
Lützowplatz 11–13
10785 Berlin
Telefon 0 30/26 31–0
Fax 0 30/26 31–25 25
www.test.de
email@stiftung-warentest.de

USt-IdNr.: DE136725570

Vorstand: Hubertus Primus
Weitere Mitglieder der Geschäftsleitung: Dr. Holger Brackemann, Daniel Gläser

Programmleitung: Niclas Dewitz

Autorin: Christine Finke
Projektleitung/Lektorat: Ursula Rieth
Mitarbeit: Merit Niemeitz
Korrektorat: Christoph Nettersheim
Fachliche Beratung: Nicola Stroop, Vorstand Verband allein erziehender Mütter und Väter, Landesverband NRW; Reinald Gehrmann, Referatsleiter für Einkommensteuer und Körperschaftsteuer a.D.; Nicole Hofmann, Fachanwältin für Familienrecht; Gerda Mävers, Fachanwältin für Sozialrecht; Johann L. Walter, Rentenberater
Fachliche Unterstützung: Sabine Baierl-Johna, Renate Daum, Anke Hadlich, Anja Hardenberg, Katharina Henrich, Susanne Meunier, Max Schmutzer
Titelentwurf: Josephine Rank, Berlin
Layout: Büro Brendel, Berlin
Grafik: Sylvia Heisler
Illustrationen: René Reichelt, Finanztest (S. 88, 107)
Bildredaktion: Sylvia Heisler
Bildnachweis: Stocksy (Titel, S. 10); Gettyimages (Rückseite Umschlag, S. 5, 30, 34, 48, 56, 63, 64, 69, 73, 84, 98, 125, 126, 132); istock (S. 4, 5, 19, 95, 116, 143); shutterstock (S. 5, 45); thinkstock (S. 139).
Produktion: Vera Göring
Verlagsherstellung: Rita Brosius (Ltg.), Romy Alig, Susanne Beeh
Litho: tiff.any, Berlin
Druck: brandenburgische universitätsdruckerei, potsdam

ISBN: 978-3-7471-0048-6

Wir haben für dieses Buch 100 % Recyclingpapier und mineralölfreie Druckfarben verwendet. Stiftung Warentest druckt ausschließlich in Deutschland, weil hier hohe Umweltstandards gelten und kurze Transportwege für geringe CO_2-Emissionen sorgen. Auch die Weiterverarbeitung erfolgt ausschließlich in Deutschland.